Walter Schürer · Fünf Fundamente der Freude

Walter Schürer

Fünf Fundamente der Freude

Einfache Erklärungen, sinnvolle Sprüche
und begleitende Bilder

buch & media

Originalausgabe

Lektorat: Heidi Keller
Layout, Satz und Umschlaggestaltung: Mona Königbauer
Gesetzt aus der Cambria
Printed in Europe · ISBN 978-3-95780-312-2

Druck und Vertrieb:
Buch&media GmbH
Merianstraße 24 · 80637 München
Fon 089 13 92 90 46 · Fax 089 13 92 90 65

Weitere Publikationen aus unserem Programm finden Sie auf
www.buchmedia-publishing.de
Kontakt und Bestellungen unter info@buchmedia.de

Inhalt

Das Nest und Netz

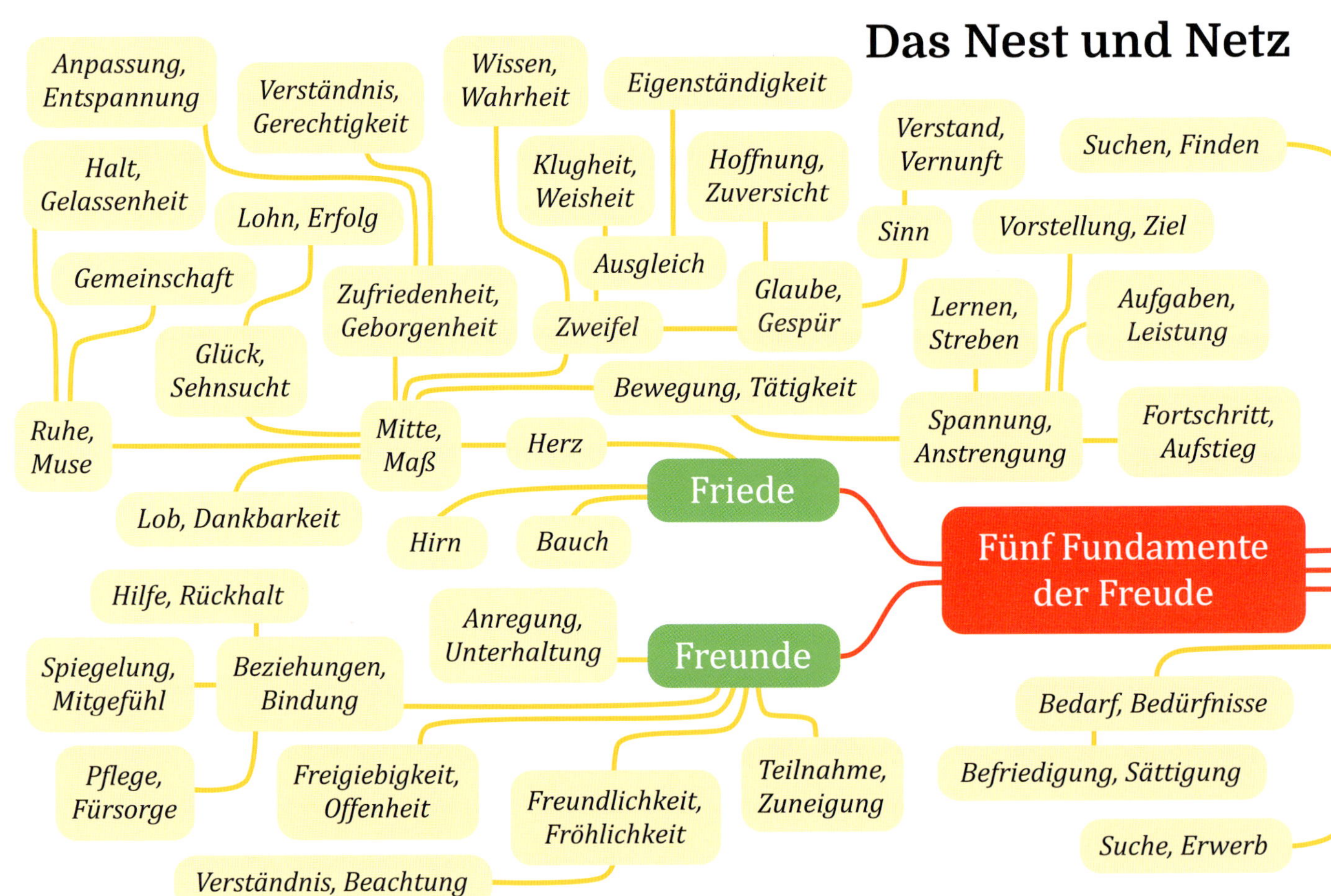

der Freude

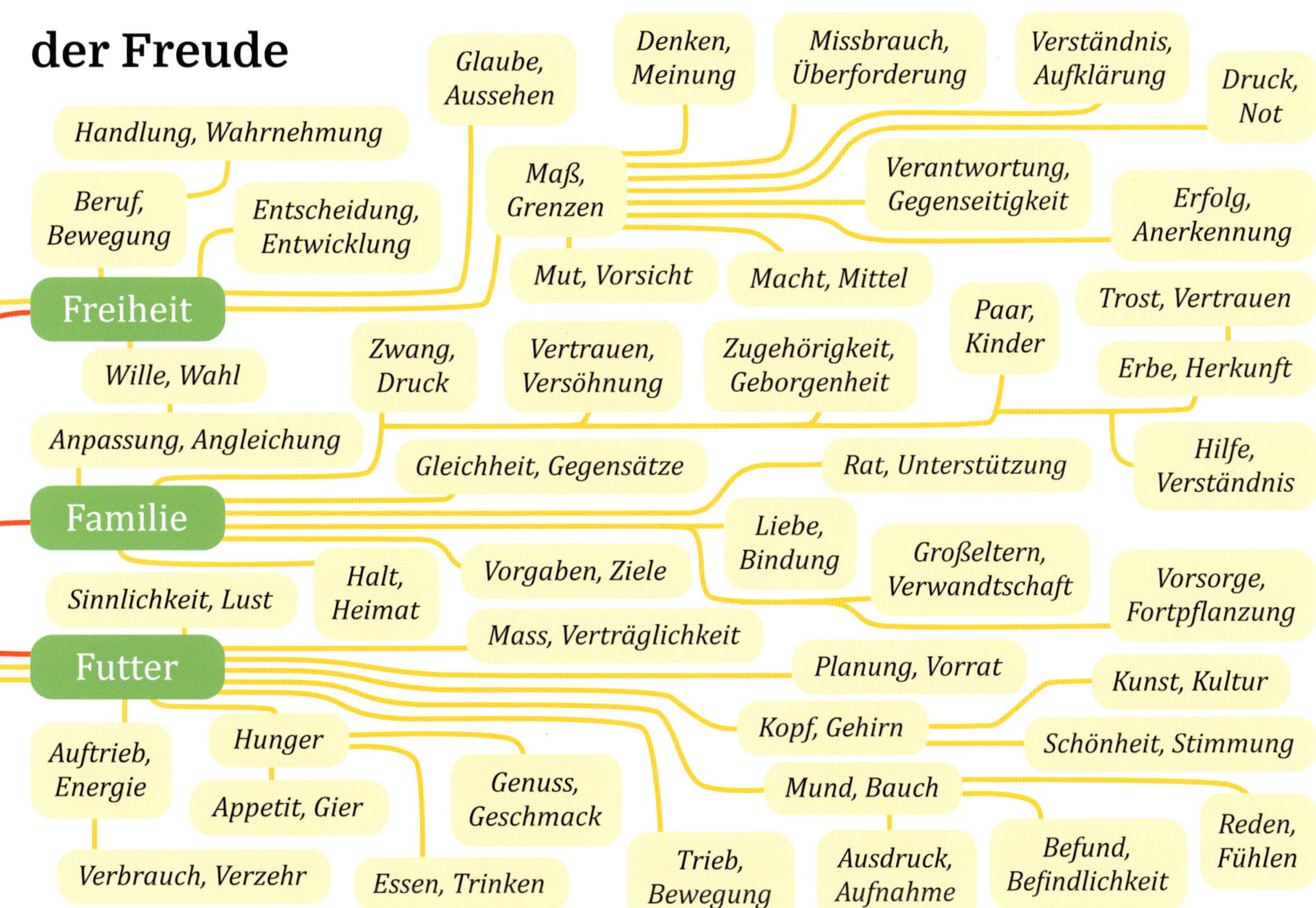

Freiheit
Glaube, Aussehen
Denken, Meinung
Missbrauch, Überforderung
Verständnis, Aufklärung
Druck, Not
Handlung, Wahrnehmung
Beruf, Bewegung
Entscheidung, Entwicklung
Maß, Grenzen
Verantwortung, Gegenseitigkeit
Erfolg, Anerkennung
Mut, Vorsicht
Macht, Mittel
Trost, Vertrauen
Paar, Kinder
Wille, Wahl
Zwang, Druck
Vertrauen, Versöhnung
Zugehörigkeit, Geborgenheit
Erbe, Herkunft
Anpassung, Angleichung
Gleichheit, Gegensätze
Rat, Unterstützung
Hilfe, Verständnis
Familie
Liebe, Bindung
Großeltern, Verwandtschaft
Vorsorge, Fortpflanzung
Halt, Heimat
Vorgaben, Ziele
Sinnlichkeit, Lust
Mass, Verträglichkeit
Futter
Planung, Vorrat
Kunst, Kultur
Kopf, Gehirn
Schönheit, Stimmung
Hunger
Auftrieb, Energie
Appetit, Gier
Genuss, Geschmack
Mund, Bauch
Reden, Fühlen
Verbrauch, Verzehr
Essen, Trinken
Trieb, Bewegung
Ausdruck, Aufnahme
Befund, Befindlichkeit

Vorwort

Als »Mann der Mitte« bin ich kein Prediger oder Bischof, kein Guru oder gar Heiliger, der »Freude« verkünden oder gar verkörpern könnte!

Zugegeben, dieses Büchlein habe ich zuallererst für mich selbst geschrieben: um meine Gedanken zu ordnen, meiner ererbten Schwermut und meinem erworbenen Übermut etwas entgegenzusetzen. Ich will mich aber auch dem allgemeinen Missmut widersetzen:

Vom Gefühl her sehe ich schwarz, mein Verstand verspricht mir aber eine rosa Zukunft. Deshalb habe ich die »Fundamente der Freude« zu ergründen versucht.

Das Graben danach war scheinbar endlos – so tief reichen sie. Es ist viel mühsamer, das Grundlegende auszuarbeiten, als das

Oberflächliche aufzubauen. Einen Bau bewohnen kann man nur nach dem Bereiten des Bodens.

Wir werden heute mit Nachrichten über Kriege, Krisen und Katastrophen aus allen Kanälen regelrecht überflutet. Die Zahl dieser Angst erregenden Berichte ist fast 100 mal so groß wie die der Freude machenden. Unser Bild der Wirklichkeit wird dadurch verzerrt, wir werden verstört und verängstigt, gefoltert und gelähmt. Unsere Wahrnehmung, unser Antrieb und unsere Gesundheit leiden.

Eine Nachricht ist jedoch noch kein Wissen, und Wissen ist keine Weisheit.

Um die Fülle der unverständlichen Mitteilungen zu filtern und die eigenen Hirngespinste zu entwirren, müssen wir uns auf das Einfache, Ehrliche und Erfassbare besinnen. Sonst ertrinken wir in Zahlen, Buchstaben und Bildern!

Was wahr und wirklich wichtig ist, erschließt sich dem Leser, Hörer und Betrachter aufgrund der verwirrenden Texte, der fremden Wörter und der mitunter verfälschten Fotos und Filme nicht mehr.

Für deren Verkäufer sind oft »nur schlechte Nachrichten gute Nachrichten«. Diese Richtlinie vieler Nachrichtenhändler ist gut fürs Geschäft – aber schlecht fürs Gemüt!

Denn Angst und Unsicherheit erregen Aufmerksamkeit. Angst dringt schnell ins Hirn vor, nistet sich dort ein und verdrängt alle anderen Gefühle und Gedanken. Dadurch ist es nicht mehr möglich, zu unterscheiden, was richtig und falsch, wahr oder erfunden ist.

Die Erkenntnis, dass die Welt nicht nur gut oder nur schlecht ist – sondern schlicht ungeordnet und ungerecht, ist kaum zu verkaufen. Genau diese Einsicht lässt sich schwer vermitteln: die meisten Menschen verlangen einfache Vorgaben. Doch das Leben ist nicht einfach – und genau deswegen lebenswert!

Freud' und Leid sind gleich verteilt!

Lediglich »positiv zu denken«, bringt auch kein Glück; wer reich werden will, wird nicht gleich reich. Die fehlende Verwirklichung von Vorstellungen enttäuscht. Deshalb ist gegenüber Glücksversprechern, Freiheitspredigern und Heilslehrern genauso Misstrauen angebracht wie gegenüber Untergangspropheten.

Sich dagegen ausschließlich mit dem Schlechten im Dasein zu beschäftigen, hinterlässt Spuren, in die man immer wieder tritt. Wenn wir unser Gemüt nicht verdüstern lassen, leuchtet uns vieles ein, wenn wir unseren Verstand nicht blenden lassen, dämmert uns einiges.

Deswegen möchte ich in diesem Buch nicht nur die Fundamente, sondern auch die verschiedenen Seiten der Freude am Leben beleuchten – die hellen wie auch die dunklen. Mein Hauptanliegen ist, den Blick genau darauf zu lenken – und damit die Trübsal zu klären. Der Überbewertung von Angst und Schrecken möchte ich nicht nur »Freude und Frieden« entgegensetzen, sondern auch den Wert des Zweifelns, Zauderns und Zögerns, den Nutzen des Schwankens – zum Zweck der Zuversicht.

100 Jahre vor meiner Geburt wurden wir Menschen nur halb so

alt wie heute. Seit damals hat sich die Weltbevölkerung verdreifacht; wir sind eher zu zahlreich und zu betagt. Das ist wohl der Hauptgrund für Krisen, Kriege und Katastrophen. Altes muss seit jeher weg, um Neues zu schaffen. Was übrig bleibt, muss erworben und erhalten werden: Freude, Frieden und Freiheit!

Vor allem geht es mir aber um die Kunst des Abwägens und die Kultur der Verhältnismäßigkeit – die Wahrnehmung der Mitte, des Schönen und Guten. Wir Menschen werden nämlich immer gebildeter, gescheiter und gesünder! Um im Gleichgewicht zu bleiben, müssen wir unsere Gedanken und Gefühle ständig auspendeln. Nur selbst gemachte ist wahre Freude!

»Freude« kann man auch ohne Versprechungen, Verdrehungen und Verherrlichungen verstehen.

Um nicht »aus der Zeit zu fallen«, möchte ich zeitlos, zugewandt und zurechtgestutzt schreiben und für jedermann verständlich sein. Der leichteren Lesbarkeit wegen verzichte ich zudem auf die Nennung aller Geschlechter – die ich aber allesamt meine, achte und liebe!

Mit eigenen Geschichten möchte ich auch unterhalten, mit Merksätzen unterstreichen – nachdem kurze Sprüche manchmal mehr Sinn ergeben als langes Geschwafel und Bilder oft mehr als Worte sagen. Oder anders ausgedrückt: Sinnsprüche sprechen die Sprache der Sinne!

Nach dem Lesen Hunderter Bücher und Artikel zum Thema »Freude« und der Erörterung meiner Rückschlüsse mit Fachleuten war (nicht nur) meine Erkenntnis:

»Da steh ich nun, ich armer Tor, und bin so klug als wie zuvor.« Aber auch: »Wer immer strebend sich bemüht, den können wir erlösen.« (Goethe)

Deshalb habe ich mich gar nicht erst um Beweisbarkeit oder um Wissenschaftlichkeit bemüht – die mit ihren vielen Zahlen und Kurven oft nur Weisheit vorspiegelt. Ich habe nur versucht, »den Dingen auf den Grund zu gehen«, sie »zu Ende zu denken« und »auf den Punkt zu bringen«!

Was ich über die Verhaltensweisen, die Freude, aber auch

Angst auslösen können, schreibe, muss und kann nicht jedem gefallen. Es soll nicht nur an-, sondern ruhig auch aufregen, es soll Sichtweisen klären und vor allem die »Verhältnismäßigkeit« als Zauberwort feiern.

Ich glaube nicht an den Himmel und die Hölle – dafür aber an die Hoffnung. Ich will vor allem Mut machen – den Mut, den man braucht, um im und am Leben Freude zu haben. Auch wenn dieses Büchlein das Verständnis für unsere Mitmenschen und unsere gemeinsamen Fundamente nur ein wenig erleichtern kann:

Viel Freude damit!

Einleitung

An meinem zehnten Geburtstag wurde ich mit fürchterlichen Bauchkrämpfen und dem Verdacht auf eine akute Blinddarmentzündung ins Krankenhaus eingeliefert. Dort wurde allerdings weder diese noch eine andere schlimme Erkrankung festgestellt. Stattdessen teilte man meinen Eltern mit, ich habe mich schlicht »überfressen«. Ich hatte mir nämlich zu meinem Ehrentag eine ganze Gans gewünscht, die ich dann tatsächlich fast allein verzehrte. Im gleichen Jahr habe ich mein erstes Wiener Schnitzel gebacken. Die Liebe zum Essen und Kochen, die Lust am Genuss und Geschmack scheinen mir also schon in die Wiege gelegt zu sein.

Wenn mich Bauchschmerzen seelischen Ursprungs geplagt haben, hat mich unsere Schäferhündin Alma getröstet. Sie hat mir mein inneres Leid sofort angesehen und sich mit großen Augen zu mir gekuschelt. Deswegen habe ich nicht nur Alma, sondern auch andere

Tiere geliebt. Von Schildkröten über Hamster und Mäuse habe ich mir alles angeschafft, was erschwinglich war, die Mäuse damals als Paar zu einer Mark. Nachdem sich dieses binnen eines halben Jahres auf über 60 Nachkommen vermehrt hatte, hoffte ich, durch deren Verkauf zu einem kleinen Vermögen zu kommen. Diese Hoffnung wurde eines Tages durch die Entdeckung einer kleinen Tragödie zunichte gemacht: Im Käfig waren nur noch zwei verwirrte Mäuschen und unzählige zerfleischte! Die nicht entkommenen Tierchen hatten sich gegenseitig aufgefressen – obwohl sie genug Futter hatten!

Das hat mich damals schon gelehrt, dass jedes Wesen auch Freiraum und Entfaltungsmöglichkeiten braucht und dass zu große Enge und Dichte zu tödlichen Konflikten führen können. Folgerichtig strebte ich nach anderen Größenordnungen, nach Weite und Ferne.

In meiner Fantasie sah ich mich bereits als Tierfänger in der afrikanischen Savanne. Auch dieser Traum blieb unerfüllt, und so kam ich von der Zoologie zur Biologie und letztendlich zur Medizin. Als Nachkomme einer Künstler-Familie habe ich immer schon gern gezeichnet und gemalt, gebastelt und gebohrt. Deswegen erschien mir der Beruf des Zahnarztes als ideale Wahl – vereint er doch als Voraussetzungen handwerkliches Geschick und Gespür für Schönheit mit dem Interesse an Medizin und Menschen.

Trotz meiner rechnerischen und kaufmännischen Mängel durfte ich ihn in meiner Heimatstadt studieren. Schon beim ersten Kontakt mit Patienten wurde mir jedoch klar, dass künstlerische und medizinische Fähigkeiten allein nicht ausreichen, um ein zufrieden stellendes Ergebnis zu erreichen. Unruhe und Angst haben oft ein sauberes Arbeiten unmöglich gemacht, Unsicherheit und Ungewissheit den Umgang erschwert.

Darum fing ich an, mich mit dem Seelenheil zu beschäftigen. Ich lernte also vieles über Psychologie, autogenes Training, Hypnose und Stressbewältigung – mit dem Ziel, mithilfe wissenschaftlich begründeter Methoden Patienten beruhigen und besänftigen zu können. Allerdings stieß ich auch damit bald an meine Grenzen. Etliches an Ängsten und Abweisungen musste tiefer sitzen.

Schmerzen und Spannungen hatten nämlich oft keinen erkennbaren körperlichen Hintergrund. Viele Patienten gaben glaubhaft Beschwerden an völlig gesunden Zähnen in einem festen Kiefer an. Hinter diesen mussten also unbewusste Belastungen stecken. Die Überlastung von Zähnen, Zahnbett und Kiefergelenk waren nur durch das nächtliche Pressen und Knirschen zu erklären. Die sogenannte »Gnathologie« (also Kieferlehre) hat sich damals, wir reden um die Zeit um 1970, allerdings nur mit den mechanischen Ursachen, also Frühkontakten, Gleithindernissen und Fehlstellungen auseinandergesetzt – deren Beseitigung meist ohne Erfolg blieb.

Somit war meine Beschäftigung mit Schlafmedizin und Seelenkunde vorgegeben. Nachdem der Mund Ausdrucks- und Einnahmeorgan zugleich ist – er spricht, isst, trinkt, schmeckt, schmatzt, schmollt, lacht, weint, schimpft, lobt, pfeift und küsst –, war mir klar, dass er zugleich Eingang und Ausgang aller körperlich-seelischen Empfindungen ist. Diese sind nicht zu trennen: Wer körperliche Schmerzen hat, leidet seelisch, wer seelische Schmerzen hat, empfindet körperliches Leid!

Das hatte ich schon kurz nach meiner Praxiseröffnung erfahren: Unmittelbar davor war meine Mutter an Krebs verstorben, mein Vater, der mit dieser Krankheit nicht umzugehen wusste, freiwillig aus dem Leben geschieden. Mein körperlich behinderter Bruder war nicht fähig, im Haus, im Beruf und im Alltag allein zurechtzukommen.

Diese Mehrfachbelastung hat bei mir ein Magengeschwür und Schwermut verursacht.

Der alte weise Arzt, den ich völlig verzweifelt aufsuchte, verschrieb mir keine Medizin, sondern hat mir zu mehr Regelmäßigkeit im und mehr »Freude am Leben« geraten. Tatsächlich machte ich daraufhin häufiger Pausen, mied Überlastung, genoss Natur, Haus und Garten, ging regelmäßig essen, gönnte mir Freiheiten und Freizeiten.

Stückchenweise schluckte ich die Schicksalsschläge und verdaute so die Folgen. Nach und nach kam die Freude in mein Leben zurück: Ich aß wieder gut, arbeitete gern, schlief wieder durch – und wurde wieder gesund.

Seitdem weiß ich: Ohne Freude wird der Mensch krank!

Nachdem mich mit knapp 50 Jahren meine wiederum seelisch schwer kranke Frau verlassen hatte, kurz darauf mein Bruder verstorben war und ich Haus und Praxis und damit mein ganzes Leben völlig umbauen musste, fiel ich erneut in ein tiefes Loch.

Aus diesem habe ich nur mit Hilfe meiner neuen Familie, meiner Freunde und der Philosophie wieder herausgefunden. Diese Erfahrung hat mich zu einer ganzheitlichen Denkweise geführt. Die Philosophie – also die Suche nach und die Liebe zur Weisheit – scheint mir heutzutage unterbewertet. Die überall zur Verfügung stehende Fülle an Informationen spiegelt nur ein Scheinwissen, nicht jedoch Klugheit wider.

Nach der Aufgabe meines Berufs und einer ehrenamtlichen Tätigkeit in einem Hospiz glaube ich nun, der jungen Generation etwas von diesen Erfahrungen weitergeben zu können. Ich weiß – jetzt, mit über 75 Jahren –, dass ich diese aufschreiben muss, bevor sie mit mir verschwinden, und hoffe, dass meine Familie, meine Freunde und alle immerwährend Suchenden davon etwas mitnehmen können.

Ich habe versucht, meine Erkenntnisse auf fünf einfache Fundamente zu stellen: Klar und verständlich sollen die das Streben nach einem Leben mit mehr Freude unterstützen!

Ich habe hinzugelernt: Nach einem überlangen Abitur-Aufsatz, nach einer für jeden Normalverbraucher unverständlichen Doktorarbeit und dem Schreiben und Lesen unzähliger nichtssagender Fachaufsätze vermeide ich deshalb Fußnoten, wissenschaftliche Hinweise, Quellenangaben und Statistiken, Eindruck schindende Kurven und Zahlen und hochtrabende Fremdwörter. Ich habe mein Leben lang aus unzähligen trüben Quellen die klaren ausgesucht und hoffe, dass deren Ausfluss durchschaubar, gut verdaulich und glaubwürdig ist!

Freude

Das Gegengewicht zur Angst

Um mir ein wenig Geld zu verdienen, arbeitete ich während meines Studiums am Bau und in einer Brauerei und fuhr Taxi. In all diesen Bereichen lernte ich Menschen kennen, die so ganz anders waren als die Mitglieder meiner Familie oder meine zukünftigen Berufskollegen. Sie waren weniger wohlhabend oder gebildet, aber genauso lustig oder traurig – und hatten genauso Angst vor dem wie auch Freude am Leben.

Um Angst auszulösen, genügt ein »Augenblick« oder eine Ahnung. Das Hirn wertet Blicke, Stimmungen, Gefühle und Geräusche »augenblicklich« aus, um sich ein Bild der Lage zu machen: Ist sie bedrohlich, ist Flucht oder Angriff angesagt? Allein die Vorstellung einer Handlung oder eines Wesens erzeugt schon eine Tätigkeit oder ein Gefühl wie in der Wirklichkeit. Angst kann also lebensrettend sein!

Das Dreieck der Freude

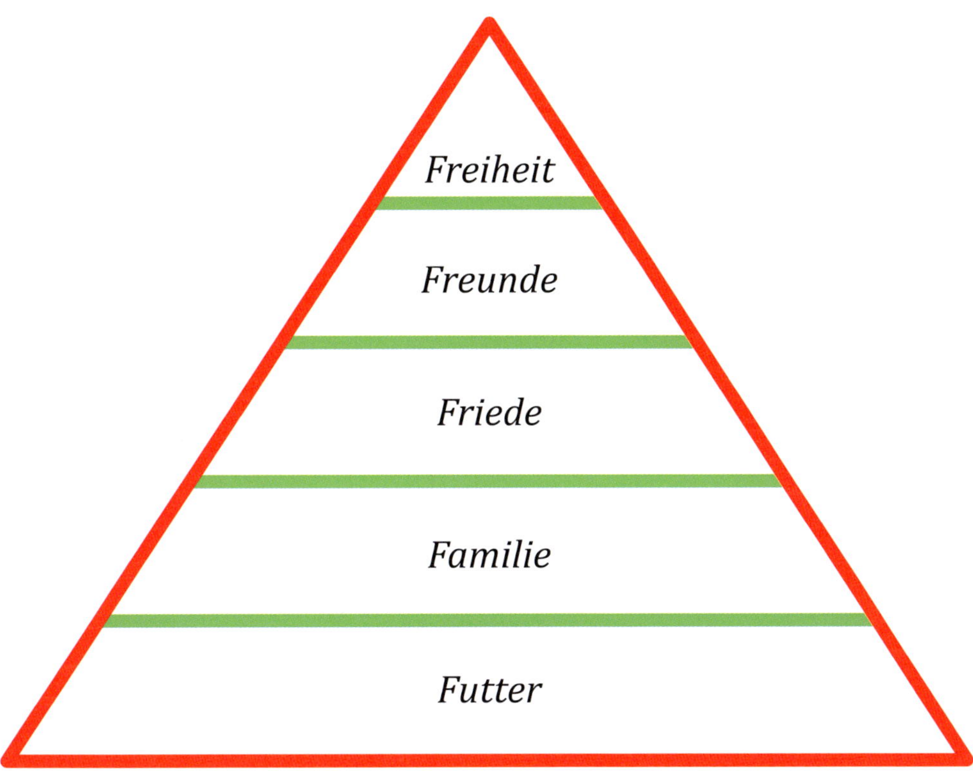

Als Gegengewicht ist Freude lebensnotwendig. Ohne sie würden uns Angst, Trübsal und Trauer überwältigen. Sie ist das Fundament des Überlebenstriebs! Freude ist allerdings kein dauerhafter Zustand. Sie muss immer neu errungen, erarbeitet und – erlitten werden. Ohne Leid gibt es keine Freude.

Die Freude über das, was einem geschenkt worden oder zugefallen ist, währt besonders kurz. Die Freude über das, was man geschafft oder geschaffen hat, hält länger an.

Mit einer Arbeit fertig geworden zu sein, Hindernisse überwunden, Schwierigkeiten bewältigt und Krankheiten und Krisen überstanden zu haben, verschafft nicht nur kurzfristig Freude, sondern stärkt Widerstandsfähigkeit, Kraft und Selbstbewusstsein.

Etwas anzupacken, loszugehen, Neues auszuprobieren und Unbekanntes zu erforschen, kostet Überwindung. Gewohnte und sichere Pfade zu verlassen, erfordert Wagemut.

Etwas geschafft oder geschaffen zu haben, macht glücklicher oder gelassener, als etwas gelassen oder gescheut zu haben

Freude liegt in der Mitte zwischen Zufriedenheit und Glück

Wer das Leben genießt, hat – und macht: Freude

Schwieriges geschafft zu haben, schafft Freude, Schönes geschaffen zu haben, schafft Frieden

Mut regt an, Übermut auf

Ist man aber auf einem neuen Weg sicher am Ziel oder nach einem anstrengenden Aufstieg gesund am Gipfel angelangt, wird man oft von einem Schwall von Glücksgefühlen überwältigt.

Der kann süchtig machen. Um immer wieder das gleiche Glück zu empfinden, muss der Weg immer steiniger und steiler werden.

Dementsprechend steigt das Risiko, vom Weg abzukommen oder gar abzustürzen. Übermut und Überlastung können nicht nur die Freude trüben, sondern in Verzweiflung münden. Deshalb ist auch ein Überschwang an Freude mit Vorsicht zu genießen: Die Gefahr liegt nahe, dass man so tief fällt, wie man hochgestiegen ist.

Deshalb sollte man hochfliegende Pläne immer hinterfragen, bevor man sie umsetzt:

»Wie hoch ist das Risiko, wie wahrscheinlich ist der Erfolg?«

»Wie sicher bin ich mir, wie gut bin ich vorbereitet?«

»In welchem Verhältnis stehen Gewinn und Verlust, Angst und Freude?«

Wahre Freude hat nur der, der sie macht

Die dauernde Suche nach Glück geht auf Kosten der Zufriedenheit

Freude muss immer neu errungen, erarbeitet und erlitten werden

Das Sich-glücklich-Fühlen hat oft nichts mit dem Glücklich-Sein zu tun

Die Antworten liegen in der Verhältnismäßigkeit, Stimmigkeit und Ausgewogenheit. Bei der Abstimmung können Mitmenschen – vor allem Familie und Freunde – helfen.

Geteilte Freude ist doppelte Freude!

Sich und anderen eine Freude zu gönnen, ist förderlich und fruchtbar. Wer anderen eine Freude bereitet, freut sich mit. Wer dagegen ein freudloses Leben führt, wird eher krank und stirbt früher.

Freude ist der Treibstoff des Lebens. Von Freude kann man lange zehren: Vorfreuden, Augenblicksempfindungen und Vergangenheitserinnerungen häufen sich. Freudlosigkeit dagegen zehrt aus: Missmut und Kraftlosigkeit, Überdruss und Überlastung, Lebensmüdigkeit und Langeweile gesellen sich.

Freudlosigkeit und Unzufriedenheit stoßen ab und stecken an. Wer sich vor Ansteckung schützen will, meidet den Kontakt. Und so schaukeln sich Eigensucht und Einsamkeit, schlechte Gedanken und ungute Gefühle hoch.

Glück erfährt man durch Gutes, das einem widerfährt – oder das man wiedergibt

Je höhere Hürden man überwunden hat, desto höher schwebt man himmelwärts

Glück ist kein Zufall

Man wird schon zufriedener, wenn man den Anspruch auf Glück aufgibt

Die Suche nach Glück macht zufrieden, die Suche nach Zufriedenheit macht glücklich

Freude braucht einen Grund und Fundamente. Eine grundlose ist keine echte Freude!

Fundamente muss man graben, mauern und pflegen. Das alles ist mit Arbeit verbunden – die als schönste Früchte Glück und Zufriedenheit trägt!

Fundament

Friede

Zu meinem 50. Geburtstag habe ich mir vor allem Ruhe gewünscht – eine Pause, Stille, Einkehr. Was lag näher als ein Kloster-Aufenthalt? Den bekam ich dann tatsächlich auch geschenkt. Zur Wahl stand allerdings nur eine bestimmte Woche in der Schweiz, verbunden mit einem Lehrgang, überschrieben mit: »Memento Mori!« (also: »Bedenke, dass du sterben musst!«)

Obwohl der Anlass feiernswert war, machte ich mir mitten im Leben auch über dessen Ende Gedanken – also griff ich zu. Es erwartet mich aber nicht etwa eine einsame Zelle in einem kargen Kloster, sondern eher ein Luxushotel mit verschiedenen Kursen hauptsächlich betriebswirtschaftlicher Ausrichtung. In meinem war ich neben 15 Teilnehmerinnen der einzige Mann und Nicht-Schweizer. Ich konnte mich aber schnell anpassen und die Lerninhalte verstehen, sodass ein guter und stimmiger Austausch möglich war. Trotz des vermeintlich traurigen Themas entwickelte sich ein fruchtbares und fröhliches Miteinander.

Die Welt als Kreis und Kreuz

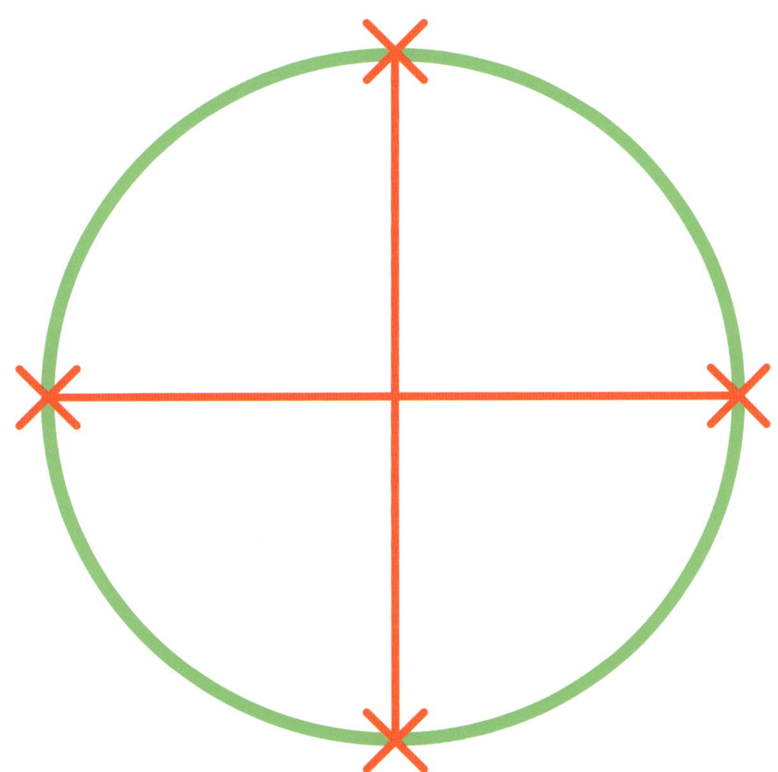

Das führte dazu, dass unser Tisch im Speisesaal der einzige war, an dem gelacht und gescherzt wurde. Die Gruppen, die mit Geld und Mammon beschäftigt waren, saßen dagegen gelangweilt und missmutig umeinander. Das lag sicher auch daran, dass wir gelernt hatten, dass das Lebensende weniger Angst machen kann als der mögliche Verlust von Mitteln. Und vor allem: dass Beziehungen wichtiger sind als alles Geld der Welt!

Den Wert von Beziehungen habe ich besonders als Hospizhelfer nach der Aufgabe meiner Praxis zu schätzen gelernt: Die Menschen am Lebensende konnten »in Frieden gehen«, wenn ihre Beziehungen gut und geregelt waren.

Um mit sich und anderen »in Frieden leben« zu können, bedarf es glücklicher Umstände. In einer Zeit und an einem Ort ohne Kriege und Konflikte leben zu dürfen, ist ein Zufall – kein Schicksal.

Den Tod zu verleugnen, heißt, die Hoffnung zu verlieren

Je mehr man den Ausgang des Lebens sucht, desto eher findet man den Zugang

Keiner bleibt immer jung, schön und reich – am Ende und im Tod ist jeder gleich

Wer das Sterben zulässt, wird gelassener leben

Der Körper ist verderblich – die Seele ist unsterblich

Gedanken sind kein Wissen und Wissen ist keine Weisheit – wollen sie wahr werden, müssen sie geordnet werden

Der Friede ist dauernd gefährdet und muss – wie Glück – dauernd neu geschaffen werden! Um den äußeren Frieden zu erhalten, braucht es den inneren Frieden. Jeder kennt den inneren Frieden, aber auch die kranke Seele. Gäbe es keine Seele, gäbe es auch kein Seelenheil und kein Seelenleid.

Solange der Mensch lebt, sind Körper und Seele eins. Nach dem Tod entzweien sich die beiden: Die Seele entweicht, der Körper zersetzt sich. Aber dessen kleinste Teile leben in irgendeiner Form weiter: als Baustoff für andere Materie, als Bestandteil anderen Lebens – als unsterbliche Kraft, also Energie. Energie geht niemals verloren, sie wandelt sich nur um. Beispielsweise kann Bewegung Wärme erzeugen, Wärme Strom, Strom Licht – und umgekehrt.

Was mit der Seele geschieht, kann kein Mensch wissen; keiner war je wirklich tot – sogenannte »Nahtod-Erlebnisse« erlebt man lebend! Aber glauben kann jeder Mensch: dass sie im Himmel, in der Hölle oder im Fegefeuer landet, dass sie in einen anderen Körper schlüpft, wiedergeboren wird oder für immer

Der Apfel des Glücks

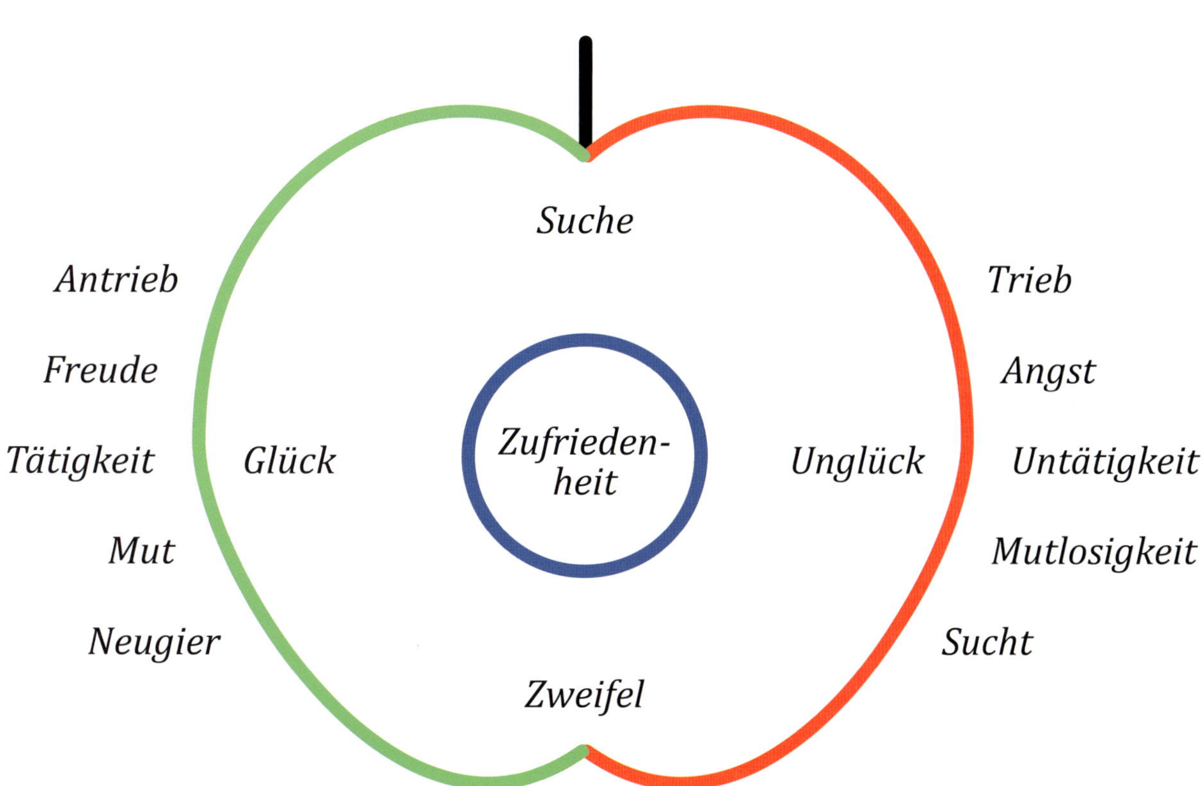

stirbt, oder auch, dass der eigene Körper aufersteht und sich wieder mit ihr vereint.

Nur: Man kann nicht NICHT glauben!

Ohne Glauben gäbe es keinen Antrieb, kein Ziel und keinen Sinn.

Ob man ein Ziel, an das man glaubt, jemals erreicht, weiß man nicht – aber allein der Glaube daran lässt einen den Weg angehen. Und: Seinen Weg zu gehen, gibt allein schon Sinn. Sich auf den Weg zu machen, sich zu bewegen und tätig zu werden, hilft über viele Hürden und Hindernisse hinweg.

Jeder Weg führt mal hin und her, windet sich rauf und runter, geht gerade und krumm, vorwärts und rückwärts. Aber auch nur ein Stück weitergekommen zu sein, kann bereits glücklich oder zumindest zufrieden machen. Einen Weg, dessen Ziel und Länge wir nicht kennen, müssen wir in Abschnitte und in Strecken aufteilen. Einen Teil geschafft zu haben, egal, wie lang und schwierig er war, sorgt schon für etwas Befriedigung und Gelassenheit.

Wer nicht glauben kann, dem kann man nicht glauben

Ohne zu glauben, wird nichts geschaffen und geschehen

Wer glaubt, alles zu wissen, hat oft nichts zu sagen

Wesentlicher als Wissen ist Weisheit

Wir müssen unendlich glauben, weil wir nur endlich denken können

Richtig ist die Absicht der Weltbetrachtung, die Wahrheit zu suchen – falsch ist die Ansicht der Weltanschauung, sie gefunden zu haben

Statt alles auf einmal erreichen zu wollen – was sinnlos und unmöglich ist –, sollte man sich Zwischenziele stecken. Auch wenn man ein noch so hoch gestecktes Ziel erreicht hat, tut sich irgendwann die Erkenntnis auf, dass es ein noch höheres gibt.

Immerwährende Enttäuschung führt zu Erstarrung und Schwermut. Das ganz große Ziel ist immer auch das Ende, an dem man nicht weiß, wie es weitergeht. Ob da ein schwarzes Loch wartet, in das wir stürzen, oder sich das Tor zur Ewigkeit auftut, wissen wir nicht – wir können nur glauben!

Den Schlüssel zu diesem Tor verschaffen uns die Sehnsucht und das Vertrauen. Wir erhoffen uns den Zeitpunkt, in dem es keine Vergangenheit, keine Zukunft und vielleicht auch keine Gegenwart mehr geben wird. Nach dem Tod gibt es keine Zeit mehr. Deshalb müssen wir auch – wenn auch nicht nur – den Augenblick, das Hier und Jetzt schätzen. Dann können wir vielleicht durch einen Spalt das Paradies hinter dem Tor erspähen.

Um ein Ziel zu erreichen, das man nicht kennt, muss man es sich vorstellen, also »einbilden«.

Das Glück als Treppe

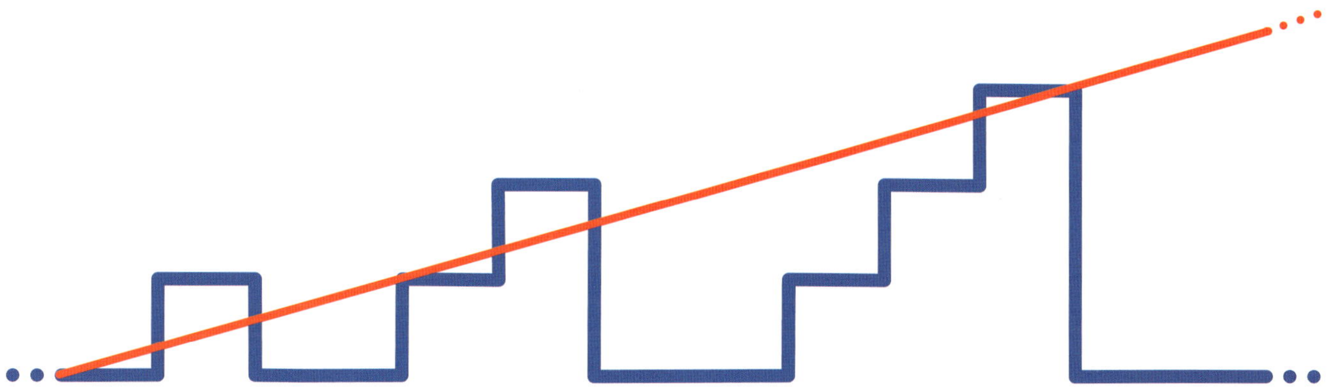

Sich ein Bild von etwas oder jemandem zu machen, hilft schon weiter. Etwas »im Kopf zu haben«, spornt an: die Vorstellung ist schon die halbe Verwirklichung.

Je steiler und steiniger ein Weg war, desto stärker ist das Gefühl, etwas geschafft zu haben; am Gipfel wartet der Augenblick des Glücks!

Man muss an immer neue Ziele und Grenzen glauben, um zu wissen, was man kann. Je mehr man kann, desto mehr traut man sich zu; mit dem Zutrauen wachsen auch die Selbstsicherheit und das Selbstwertgefühl.

Auch wenn das Beschreiten eines Weges mit Arbeit und Anstrengung verbunden ist, winkt als Lohn die Entwicklung, das Wachstum und die Festigung der Persönlichkeit. Allerdings muss man, wenn man ein Ziel erreicht hat, das nächste höher stecken, um das gleiche Erfolgserlebnis oder ein ähnliches Glücksgefühl zu empfinden. Geist und Körper gieren danach, ja, sie sind süchtig nach Glück. Auch die »Neugierde« und die »Sehnsucht« sind Teil dieses Triebs und Strebens nach Glück.

Das Leben läuft nicht auf einer Linie, sondern windet sich in Wellen

Etwas geschafft zu haben, erschafft mehr, als etwas abgeschafft zu haben

Um höhere Hürden zu überwinden, muss man sich stärker schinden

Was zufliegt, verfliegt

Glück = kein Unglück

Lieber länger zufrieden als kürzer glücklich

Am Gipfel treffen sich Aufstieg und Abstieg

Zufrieden machen kann allerdings auch jeder Abschnitt eines Lebenswegs. Die Empfindung der Zufriedenheit hält zwar länger an als die des Glücks – jedoch auch nicht ewig. Vom Gipfel des Glücks steigen wir auf die Ebene der Zufriedenheit und wieder in ein Tal der Suche ab. Aus dem wollen und müssen wir wieder raus, um neue Höhen zu erklimmen.

Dieses Auf und Ab im Leben lässt sich mit Wasserwellen vergleichen, die sich aufschaukeln, sich überschlagen und abebben. In deren Brandung kann man untergehen, aber auch an den Strand geschwemmt werden und im Sand liegen bleiben.

Auch wenn das scheinbar das Ende bedeutet, das Wasser überlebt – als Quelle oder als Regen kommt es wieder. Es fließt im immerwährenden Kreislauf.

Auch von uns Menschen bleibt letztendlich alles erhalten, wenn auch in kleinsten Sandkörnchen, Tröpfchen und Teilchen.

Dauerhaftes Glück hat die Natur offenbar für uns Menschen nicht vorgesehen – wir würden nach nichts und niemand Neuem streben, wir würden nichts und niemanden ändern und wir

Ohne Frieden gibt es keine Zufriedenheit, ohne Zufriedenheit kein Glück

Freude macht, etwas selbst gemacht zu haben, keine Freude macht, wenn etwas mit einem gemacht wird

Wer ohne Kraft nichts schafft, braucht Ruhe – Ruhe schafft Schaffenskraft

Auf Dauer ist man weder glücklich noch unglücklich – nur mehr oder weniger zufrieden

Das Ziel des Zweifels ist die Zufriedenheit

würden nichts und uns nicht anpassen. Wir wären letztendlich nicht überlebensfähig!

Deshalb ist das Streben nach Glück die Grundlage des (Über-) Lebens; es ist unendlich, vielleicht sogar Fundament der Ewigkeit.

Wir streben ein Leben lang danach, in irgendeiner Form zu überleben: über Kinder, über unser Erbe, über unsere sterblichen Überreste, über unsere Hinterlassenschaft.

Ebenso wie Lebensmittel nur kurzfristig sättigen können, ist der Hunger nach Glück unersättlich. Die Gier wird zur Sucht, die Sucht kennt keine Grenzen.

Ein reicher Mensch ist nie reich genug, ein wissender nie weise genug!

Glück ist der Lohn von Arbeit und Anstrengung. Ohne diese gibt es keine Glücksgefühle. Glücks- und Belohnungsgebiete liegen im Hirn nahe beieinander.

Nach Belohnung ist man süchtig – und Lohn gibt es nur für Arbeit. Das Hirn muss also ständig arbeiten, um seiner Aufgabe gerecht zu werden: durch Arbeit zu lernen und durch Lernen zu überleben.

Das Glück als Fluss

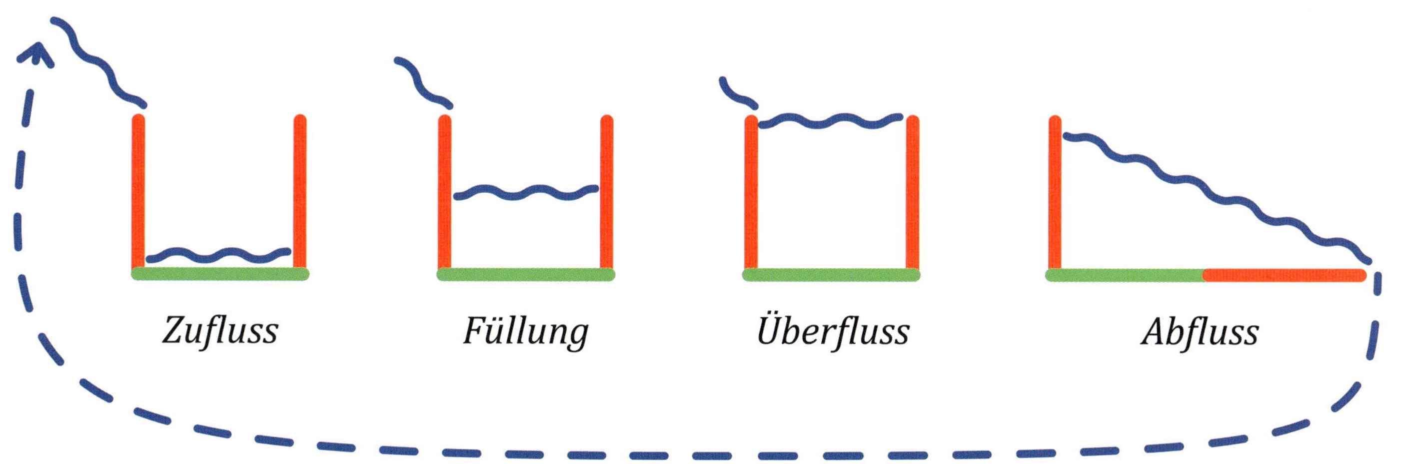

Im Kopf entstehen Gedanken, die den »Lohnkern« reizen. Der schüttet dafür Belohnungsstoffe aus. Allein die Vorstellung einer Handlung oder eines Gefühls regt schon an, ein Ziel zu verfolgen.

Hat man ein Ziel erreicht, bekommt man den Lohn – den man wiederum schnell aufbraucht. Das Spiel beginnt von Neuem. Es funktioniert immer besser, und man gewinnt immer mehr, je mehr man lernt. Das dauernde Lernen und die ständige Anpassung sind für Körper und Geist überlebensnotwendig.

Das Belohnungssystem im Hirn bietet die Möglichkeit, allein durch Aufgaben und Tätigkeit Glück zu empfinden.

Oft zweifelt man an dem, was man vorhat, tut oder denkt. Das wiederum verschafft dem Hirn Arbeit. Sich Gedanken zu machen, zu grübeln und zu zweifeln, ist also nicht nur schlecht, sondern durchaus auch schöpferisch!

Die Freiheit des Denkens macht erfinderisch.

Gemischte Gefühle können ein Gewinn sein.

Zweifel und Verzweiflung liegen so nahe beieinander wie Zuversicht und Zugewinn. Man kann also gelassen Zweifel zulassen.

Frieden machen heißt Ruhe geben und Ruhe haben

Der Kern der Zufriedenheit ist der Frieden

Damit Freude in Zufriedenheit mündet, gilt es, Unfrieden zu meiden

Zu wissen, wo die eigenen Grenzen sind, ist Weisheit, wahrzuhaben, wo sie enden, ist Glück

Des Lebens Auf und Ab hält uns auf Trab

Ein armer Junger ist oft glücklicher als ein reicher Alter

Nichts vergeht, alles besteht

Die Vorstellung ist die Grundlage der Verwirklichung des Gedachten!

Mitunter muss man die Sicherheit und Geborgenheit des Gewohnten aufgeben und Altes gegen Neues eintauschen. Da der Mensch Neues liebt, kann ihm das ein Stück Glück verschaffen. Aber auch hier muss er Mitte und Maß finden!

Glück und Fruchtbarkeit entstehen nur, wenn ein Damm bricht und sich ergießt, was sich aufgestaut und angesammelt hat. Ist aber der Stoff oder das Wasser abgeflossen und versickert, muss der Damm neu aufgebaut werden, es müssen neue Zuflüsse erschlossen werden. Energie muss fließen. Das ist mit Kraftaufwand verbunden.

Nachdem Körper und Geist mit jedem Dammbruch und der folgenden Überschwemmung lernen, immer schneller aufzuräumen, abzubauen und zu verarbeiten, ist die stete Steigerung unausweichlich: Der Stoff muss mehr, der Damm muss höher, der Weg muss länger werden. Denn die Ausschüttung von Glücksstoffen bleibt nur gleich, wenn man mehr hat und tut.

Das äußere Glück währt nicht lange, das innere schon länger

Aus Sandkörnern entstehen Bausteine, aus Bausteinen Mauern, aus Mauern Gebäude

Um zufrieden zu werden, muss man tätig werden – um unzufrieden zu sein, braucht man nichts zu tun

Es gibt nur endliches Glück, dafür aber ewigen Sinn

Der Seelenfrieden ist nicht käuflich

Durch Bewegung steigt man auf, durch Stillstand stürzt man ab

Dass jemand »nie genug kriegen« kann, ist nur damit erklärbar – aber nicht entschuldbar!

Wasser als Lebensmittel muss man manchmal anderen Menschen abgraben, ihnen Geld oder Materie abringen. Die verdursten dann oft, während man selbst im Überfluss ertrinkt. Das Schneller-Werden, Höher-Klettern und Weiter-Machen ist mitunter natürlich und nützlich, mitunter aber auch schädlich und zerstörend.

Das Anhäufen von Gütern erfolgt immer auf Kosten anderer – man nimmt, ohne zu geben!

Ein friedlicher Ausgleich kann nur in der Gemeinschaft erfolgen. Diejenigen, die zu viel haben, müssen denen, die zu wenig haben, etwas abgeben – ohne Demut und ohne Hochmut! Nur dann funktioniert das Miteinander ohne Konflikte und Kriege.

Das Streben nach mehr Wissen und Macht, Besitz und Eigentum ist damit nicht zu Fall, sondern nur auf einen versöhnlichen Nenner gebracht: Es schafft dann Anreiz und Arbeit, Kultur und Kunst, Material und Mittel, Nahrung und Nähe.

Lieber mit weniger zufrieden als mit mehr unzufrieden

Geh nach links, geh nach rechts ein paar Schritte, dann findest du den Weg zur Mitte

Wir begeben uns in immer größere Gefahr für immer weniger Glück; am Ende begibt man sich unglücklich in Lebensgefahr und kommt darin um

Zweifel sind die Zieheltern der Zukunft

Das Glück ist teuer – das Unglück umsonst

Es gibt nie genug Glück: Man muss immer mehr tun, um das gleiche zu genießen

Wo wiederum das Wenige zu viele wollen, entstehen Neid und Eifersucht.

Jeder Mensch braucht geistige und körperliche Nahrung. Die Seele kann genauso hungern wie der Körper. Beide müssen satt werden und brauchen Ausgleich und Grenzen. Die Grenze der eigenen Freiheit endet da, wo die des anderen beginnt. Je kleiner der eigene Lebensraum ist, desto größer ist das Bestreben, die eigenen Grenzen zu erweitern, um immer genug Futter ernten zu können.

Je weiter dieser eingeengt wird, desto deutlichere Grenzen muss man setzen – sich also auch wehren. Grundlage des friedlichen Zusammenlebens ist die gegenseitige Anerkennung; Grenzen werden nur geachtet, wenn man sie setzt. Wertschätzung beruht immer nur auf Gegenseitigkeit.

Man schützt nur, was man schätzt – und umgekehrt! Missachtung oder gar Demütigung erwecken »Rachsucht«: ein urmenschliches Bedürfnis, das irgendwann und irgendwie gestillt sein will. Wer Rache fürchtet, hält sich zurück.

Frieden fördert man nur durch Verständnis

Mehr Geld macht manchmal nicht glücklicher, sondern oft nur gieriger

Verhältnismäßigkeit und Stimmigkeit helfen auf der Suche nach der Mitte

Wagemutige und Widersacher wissen um den Wert der Waage

Wer immer alles hat, hat nie alles

Wer belügt, der wird belogen – wer betrügt, der wird betrogen

Der Mensch braucht Muster, Maß und Mitte

Er wird anderen nicht dauerhaft schaden wollen; in ständiger Bedrohung lässt es sich schlecht leben. Immerwährende Spannung lässt einen erstarren, nicht weiterkommen und nicht weiterleben.

Nur mit Verständnis und Achtung kann man Konflikte und Krisen lösen. Eine Krise ist kein Absturz oder gar ein Untergang – sie ist lediglich eine Umkehr, eine Umdrehung oder eine Umwälzung!

Gelegentlich stößt man auf seinem Weg auf unüberwindliche Schranken und muss ausweichen, sich einen neuen Weg suchen oder gar umkehren. Auch Ziele müssen fortlaufend neu gesteckt werden. Stur vor einer Grenze zu verharren, bringt einen nicht weiter; sich an einer Mauer den Kopf einzurennen, bedeutet sogar den Tod!

Je schwieriger ein Aufstieg ist, desto leichter fällt der Abstieg. Je steiler der Anstieg ist, desto höher ist die Anstrengung – aber auch das Gipfelglück! Hat man jedoch einen Gipfel erreicht, kann man da nicht ewig bleiben; man muss wieder absteigen, um wieder aufsteigen zu können.

Mäßigung ist
kein Mittelmaß –
Verhältnismäßigkeit
ist ein Mittel

Nur anzutreiben, ist
so falsch wie sich nur
treiben zu lassen

Überfluss schafft
Übermut

Es kann kein Glück ohne
Anstrengung und keine
Zufriedenheit ohne Arbeit geben

Zu viel zu geben,
schadet weniger, als zu
wenig zu nehmen

Je anspruchsvoller der
Anstieg, desto größer
das Gipfelglück

Angekommen zu sein, heißt nicht, stehen zu bleiben. Kein Mensch bleibt für immer da, wo er gerade ist. Der nächste Gipfel muss wieder höher sein, um das gleiche Glück genießen zu können. Im Tal angekommen, winkt kurzzeitig Zufriedenheit – bis wieder der Drang nach Höherem entsteht.

Wahre Lebenskunst bedeutet, ein Ziel erreicht zu haben, mit dem man zufrieden sein kann – von dem man weder weiter aufsteigen muss noch abstürzen kann. Sie beruht auf dem Suchen und Finden, Erreichen und Ankommen.

Menschen, die immer mit dem Erreichten zufrieden sind, kommen allerdings nicht weiter.

Der »Drang nach Höherem« wohnt dem Menschen inne, ist naturgegeben oder »gottgewollt«.

Das Mittelmaß muss immer neu ausgependelt, die Wahrheit immer neu gesucht werden. Wie hoch das Ziel ist, das man sich selbst steckt, hängt von den unterschiedlichsten Bedingungen ab: Erbmasse, Körperbau und Einsichtsvermögen sind einem in die Wiege gelegt, Erziehung, Bildung und Erfahrung erwirbt man.

Der Zickzack der Zufriedenheit

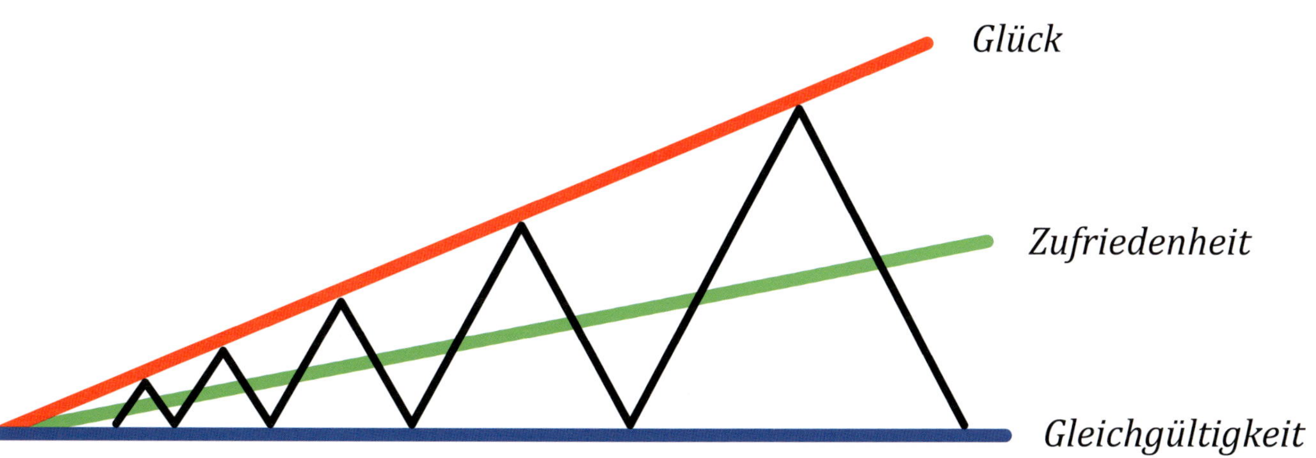

Glücks-, Unglücks- und Zufälle sind Schicksal, Freundschaften und Beziehungen sind Errungenschaften, Glaube, Liebe und Hoffnung sind Tugenden. Trost und Vertrauen, Zuflucht und Geborgenheit erfährt man vor allem in der Familie.

Gewinn ist meist Folge von Fleiß und Anstrengung, Verlust oft Folge von Versagen und Verzweiflung. Um danach weiterzuleben und weiterzukommen, muss man mitunter innehalten, vergleichen und das Erreichte schätzen. Das Nachdenken und Erinnern kann helfen – der Halt kann Halt geben.

Aber auch einmal nichts zu tun und nichts zu denken, kann einen weiterbringen. Stille und Einkehr können Wunder wirken und Neues zaubern.

Oft weiß der Bauch besser als der Kopf, was dem Körper guttut; der stete Austausch zwischen Gefühl und Verstand ist die Voraussetzung für die stimmende Wahl!

Das Auspendeln von Hirn-, Herz- und Bauchvorgaben ermöglicht die richtige Entscheidung. Zwischen Hirn und Bauch befindet sich das Herz – also »die goldene Mitte.«

Wer sich überschätzt,
den schätzt man nicht

Schönheit =
Stimmigkeit =
Stimmung

Nichts und niemand
ist nur gut oder
nur schlecht

Jemanden anzugreifen, heißt
auch, einzelnen zu schaden –
ihn aufzurichten, allen zu nützen

Ein launischer ist
ein unmäßiger Mensch

Zweifel = Abwägung =
Verhältnismäßigkeit

Ein kaltes Herz kennt keinen kühlen Kopf und keinen warmen Bauch. Ein gutes Bauchgefühl erzeugt man mit Herz und Verstand. Nur mit Vernunft UND Gefühl handelt man klug. Die Klugheit ist die wichtigste aller Tugenden.

Der Weg zur Weisheit hat kein Ende – hier ist der Weg das Ziel!

Der Wille, ihn trotzdem zu gehen, weist den richtigen Weg; auch wenn er unendlich ist, kommt man auf ihm weiter.

Das Nachlassen eines Schmerzes, das Genesen von einer Krankheit, die Erholung von einer Anstrengung bedeutet ein Weiterkommen, einen Wiederaufstieg und eine Neuordnung – hin zu einem gesunden Leben mit Freude.

Unter Schmerzen werden nicht nur Kinder, sondern auch Kunstwerke geboren. Will man Kunst und Kultur gebären, geht man oft lange mit schweren Gedanken und schlechten Gefühlen schwanger. Aber etwas geboren oder geschaffen zu haben, macht auch glücklich. In einem Kind oder in einem Werk weiterleben zu können, heißt, zufriedener sterben zu können – und auch das Leben und Leiden leichter lassen zu können.

Bewegung = Erfahrung =
Entwicklung = Reifung =
Anpassung

Mehr Zuversicht
bringt mehr Glück

Sich ein bisschen zu
schinden, schadet wenig
und schafft viel Kraft

Ohne Bewegung kommt
man nicht vorwärts,
Stillstand bedeutet Rückstand

Zuversicht verheißt
Zukunft

Der Mut ist die Mutter
aller Mächte

Lieber einen kurzen Schmerz
als langes Leid erdulden

Freudiger, freundlicher und friedlicher wird der, der gefordert worden ist und etwas geleistet hat. Wem alles zugefallen ist, der bleibt unzufrieden. Je anstrengender eine Wegstrecke war, desto mehr belohnt einen die Gewissheit, etwas geschafft zu haben. Der Lohn der Anstrengung ist die Sicherheit.

Hindernisse zu überwinden, Unglück auszuhalten, Schicksalsschläge hinzunehmen, wieder aufzustehen und zu überleben, erfordert Kraft. Kraft entsteht durch Kräftigung. Etwas zu ertragen, muss erlernt und geübt werden. Mäßigung und Entbehrung bedeuten nur vorübergehende Unzufriedenheit, Maßlosigkeit und Überfluss dagegen dauerhaftes Unglück.

Der Mensch weiß (vielleicht als einziges Lebewesen), dass er sterben muss. Was nach dem Tod geschieht, kann er nur glauben. Glauben und Wissen eint die Erkenntnis, dass nichts und niemand verschwindet.

Auch wenn nur kleinste Teilchen zurückbleiben – sie vergehen nicht, sie wandeln sich nur. Wenn sie denn in eine andere Form übergehen, liegt der Glaube nahe, dass auch die Seele un-

Wer die Wahrheit nicht findet, darf sich vor dem Suchen nicht scheuen

Wer denkt, bevor er lenkt, fährt den richtigen Weg

Wie es ihm geht, weiß nur genau, wer geht oder gegangen ist

Zweifel und Verzweiflung liegen so nahe beieinander wie Zuversicht und Zugewinn

Zweifel sollten nicht in Verzweiflung münden, sondern nur Maßlosigkeit mindern

sterblich ist. Ob sie sich teilt, wiedergeboren wird oder nur in der Erinnerung bleibt, kann man nur ahnen.

Aber eine Ahnung ist auch ein Stück Hoffnung – und Hoffnung macht und gibt Sinn! Und wer einen Sinn sucht, macht sich auf den Weg zum Seelenfrieden. Dauerhaft scheint es aber weder Frieden noch Zufriedenheit zu geben. Der Fluch – vielleicht die Erbsünde — des Menschen ist wohl die Unzufriedenheit. Er ist dazu verurteilt, immer mehr und Besseres zu wollen. Oder wie der Dichterfürst Goethe es ausdrückte: »Alles in der Welt lässt sich ertragen, nur nicht eine Reihe von schönen Tagen.«

Goethe war schwermütig und umtriebig zugleich: Er konnte keine Ruhe geben und haben. Als sein wirksamstes Behandlungsmittel lobte er die »Tätigkeit«.

Tätig zu werden, wenn auch angespornt und angeleitet, ist auch heute noch (neben der Gesprächs- und der medikamentösen Therapie) das Mittel der Wahl gegen Depressionen (Schwermut). Die sogenannte »Beschäftigungstherapie« kann auch tiefste Gräben überbrücken.

Der gute Mensch hat
einen klugen Kopf,
ein liebendes Herz und
einen fühlenden Bauch

Am Boden bleibt,
wer weder himmelhoch
jauchzt, noch abgrundtief
betrübt ist

Mittelmaß ist nicht mäßig

Wahrnehmen –
annehmen – aufnehmen –
übernehmen

Nur der Zusammenhang
zeigt den geraden Gang

Untätig oder unbeweglich zu bleiben, kann dagegen das Weiterleben unerträglich machen.

So ist der Mensch wohl dazu geschaffen (oder gar verdammt?), immerwährend tätig und beweglich zu bleiben. Sein Hirn ist es sowieso, sogar im Schlaf arbeitet es: es ordnet ein, es verdrängt, verdaut oder vergisst – es räumt auf. Hat es scheinbar nichts zu tun, lechzt es nach Arbeit. Wo keine Schwierigkeiten sind, schafft es sich welche. Ohne Denkaufgaben verkümmert es.

Um auf glattem Untergrund nicht auszugleiten, muss sich der Mensch ständig im Gleichgewicht halten und sich Neues einfallen lassen.

Das Denkorgan Hirn als der am stärksten durchblutete Teil des Körpers ist auf die Bewegung, auf den andauernden Fluss des Kreislaufs angewiesen. Stockt dieser, droht der Hirn- und damit der endgültige Tod! Zu lange Ruhe kann Stillstand bedeuten und Stillstand Unterversorgung.

Die Weisheit ist unergründlich, die Wahrheit ist unerfindlich

Wir können die Welt nicht retten – aber uns selbst

Das Maß aller Dinge ist die Mäßigung

Nachdem wir wissen, dass es keine irdische Gerechtigkeit gibt, können wir nur an eine überirdische glauben

Je größer die Arbeit und die Anstrengung, desto höher die Liebe und der Lohn

Wer Wahrheit will, muss Weisheit wünschen

Ein ausgetrockneter Boden dürstet nach Flüssigkeit, ein ungedüngter nach Nährstoffen. So wie eine Blume ohne Nahrung kann auch das Hirn verwelken – Blüte und Fruchtbarkeit bleiben aus. Folgerichtig hungert unser Haupt nach Aufgaben. Der Kopf saugt auf, was in ihn hineingeht.

Damit der aber nicht platzt, muss er sein Fassungsvermögen immer neu bestimmen. Was kann er verkraften und verarbeiten, was braucht und benötigt er? Dieses stete Auspendeln ist so anstrengend wie anregend.

Wir brauchen also Aufgaben und Arbeit genauso wie Ausgleich und Abstand. Dieses Hin und Her und dieses Auf und Ab sollten wir wahrhaben und achten, hinnehmen und schätzen.

Nur dann kommen wir weiter und irgendwann einmal an – und können unseren inneren Frieden schließen! Mit dieser Erkenntnis durch die und aus der Welt zu gehen, wäre die ideale Verbindung von Glück und Zufriedenheit!

Demnach muss der Mensch seinem Hirn auch für Anforderungen, Anstrengungen und Arbeit dankbar sein: Es verschafft ihm

Die Schwellen der Zufriedenheit

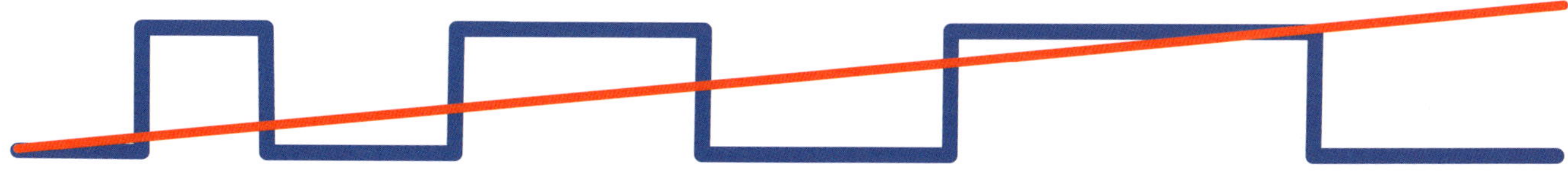

Anerkennung. Und: Tätigkeit und Bewegung nützen Körper und Geist. Beide werden dadurch beweglicher, belastbarer, stärker und schneller.

Aber wie immer und überall zählen letztendlich die Verhältnismäßigkeit und Stimmigkeit: Überforderung ist so schädlich wie Unterforderung, Überanstrengung so krankmachend wie Untätigkeit, zu viel Arbeit so vernichtend wie zu wenig.

Ruhezeiten sind so wichtig wie Pausen, Muße ist so notwendig wie Langeweile. Auch in Zeiten des scheinbar unnützen Nichtstuns und Nichtdenkens arbeitet und bringt das Hirn ja weiter – hin zu Ausgeglichenheit und Frieden!

Auspendeln und Abwägen schaffen auch in einer Gesellschaft Frieden. In unserer haben die Verhältnismäßigkeit und das »Übermaßverbot« sogar Verfassungsrang.

In welchem Verhältnis Gesundheit und Wirtschaft, Recht und Freiheit stehen, welche Wünsche wann, wo und warum mehr zählen sollten, muss immer neu ausgeredet, ja auch ausgestritten werden.

Vermeintliches
Gefühl ist nicht gleich
tatsächlicher Zustand

Eine Arbeit wird nur
was taugen, hat man
ein Ziel vor Augen

Weise ist es, das Wesen
des Wissens als Weisheit
wahrzunehmen

Der Mensch ist anpassungsfähig
und lernbereit, weil er
wissbegierig und neugierig ist

Je größer das Herz ist,
desto stärker ist der
Rücken und desto breiter
sind die Schultern

Wer überlegt,
ist überlegen

Eine achtsame Auseinandersetzung ist nie entwürdigend oder demütigend. Die Meinung eines Andersdenkenden oder Andersgläubigen zu achten, heißt, auch ein wenig zu lernen und viel zu gewinnen. Der Mensch lernt ja immer – ein Leben lang – dazu!

Erfahrungen und Erkenntnisse machen gelassener und sicherer. Und Sicherheit und Stabilität sind zur Überwindung von Krisen und zur Abwehr von Bedrohungen unabdingbar. Ein unsicherer und überforderter Mensch ist leicht unterzukriegen und auszunutzen. Er verliert an Selbstbewusstsein und Würde, fördert das Unterdrückungsbegehren und die Angriffslust. So bedrohen Übermut und Unterjochung den Frieden gleichermaßen. Angreifer und Angegriffene können nur verlieren.

Verhältnismäßigkeit und Stimmigkeit sind also feste Fundamente des Friedens – und der Freude!

Wer gleichzeitig gegensätzliche Gefühle hat, hat auch einen zweideutigen Glauben und doppeldeutige Gedanken

Wer immer alles hatte, behält nichts

Leicht und locker lebt, wer über der Schwermut schwebt

Hinweise mit Herz weisen den wahren Weg

Wer mehr leistet, leidet weniger

Fundament

Freunde

Mein Vater war während des langen Sterbens meiner Mutter völlig verzweifelt. Statt sie zu trösten, musste sie ihn aufrichten! Geschwächt wie sie war, gelang das nicht mehr. Er drohte ständig, er wolle sich umbringen – und damit die restliche Familie ins Unglück stürzen. Völlig am Ende schrie ich nach einer erneuten Ankündigung, er solle es doch tun.

Und er tat es.

Nachdem mich meine erste, gemütskranke Frau auf die Aufforderung ihrer Mutter hin verlassen hatte und mein muskel- und alkoholkranker Bruder kurz danach bei einem Treppensturz ums Leben kam, plagten mich fürchterliche Gewissensbisse und Schuldgefühle. Ich hatte die Gesundheit meiner nächsten Verwandten nicht erhalten, ihr Leben und unsere Beziehung nicht retten können!

Allein hätte ich diese Belastungen nicht bewältigen können. Aber es gab Freunde! Die haben mich getröstet, aufgefangen und aufgerichtet – mir letztendlich meinen Frieden wiedergegeben.

Jeder Mensch ist gierig nach Glück und süchtig nach Anerkennung

Kein Mensch kann allein einschätzen, ob, wie sehr und wie lange er glücklich ist – er braucht dazu immer auch andere Menschen

Es gibt keine Enttäuschungen ohne zu viele Erwartungen

Die Gesellschaft fördert, was im Einzelnen steckt – und umgekehrt

Wer sich selbst erhebt, erniedrigt andere

Es stimmt nur, was stimmig ist

Ein Friede ohne Freunde ist undenkbar. Hätte man nur Feinde, hätte man nur Krieg.

Wer Freunde hat, hat Freude – und umgekehrt! Das soll heißen: Freude schafft, wer Beziehungen aufbaut und Freundschaften pflegt. Da dies oft mit Entbehrungen und Enttäuschungen, immer aber mit Arbeit und Anstrengung verbunden ist, scheuen viele diesen Aufwand. Aber selbst ohne jegliche Erwiderung ist der fruchtbar: Allein die Feststellung, für andere etwas getan zu haben, macht Freude. Das ist die Grundlage der Selbstachtung und des Selbstbewusstseins.

Erst vor gut dreißig Jahren wurden im Hirn Zellen (die sogenannten »Spiegelneuronen«) entdeckt, die Handlungen, wahrscheinlich sogar Gefühle und Stimmungen spiegeln. Demnach kann allein das Beobachten und Fühlen menschlicher Tätigkeit den gleichen Antrieb und ein ähnliches Verhalten auslösen.

Es liegt uns also, das Gleiche zu meinen und zu machen wie der Mitmensch! Wir empfinden wohl genauso Freude, Angst oder Zufriedenheit wie er. Unbewusst überträgt sich also Bewusstes.

Angst regt auf –
aber auch an

Wer dauernd Angst macht,
macht mutlos

Je weniger man den Tod
kennt, desto mehr fürchtet
man ihn

Die Welt ist bunt –
schwarz und weiß
sind keine Farben

Zu wenig Angst lockt,
zu viel lähmt

Was man in Gemeinschaft tut und redet, bleibt nie ohne Folgen; Schlechtes und Gutes wird gleichermaßen nachgeahmt und widergespiegelt.

Als mitfühlende und spiegelnde Wesen werden wir also auch von der Stimmung der anderen geprägt: Ist sie gut, geht's uns gut – und umgekehrt.

Gutes zu tun, heißt, andere – und damit sich selbst – zu beschenken. Zu schenken heißt, gleichzeitig zu übergeben und zu übernehmen.

Freigebigkeit bedeutet jedoch nicht Verschwendung. Sich und seine Güter zu vergeuden, wäre widersinnig. Wer mit dem, was man gegeben hat, nicht umzugehen weiß, ist enttäuscht und undankbar. Wessen Geschenke unbeachtet bleiben, der fühlt sich ungeachtet und betrogen. Deshalb beruht auch hier die Wertschätzung auf Gegenseitigkeit.

Abfällige oder demütigende Äußerungen können Beziehungen zerstören oder Rachsucht verursachen.

Die Welle des Glücks

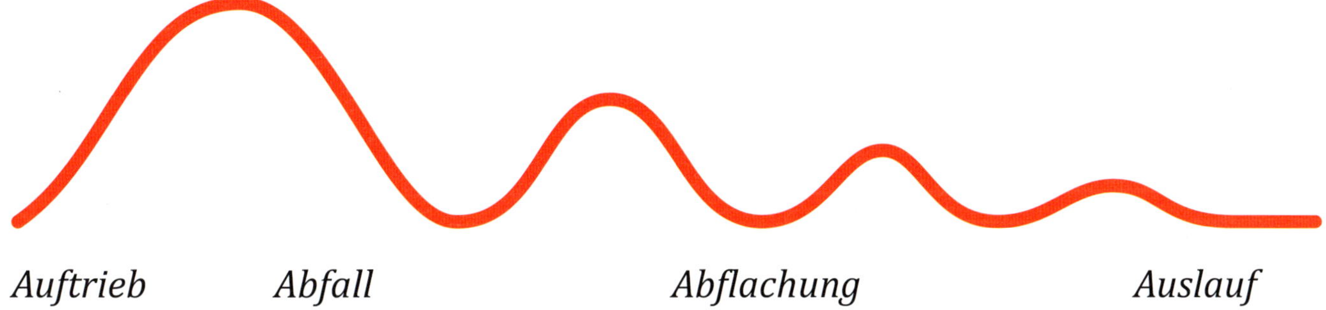

Aber: Höflichkeit, Freundlichkeit, Nettigkeit und Offenheit kosten nichts und kommen allen zugute!

Auch Fröhlichkeit überträgt sich und kommt zurück! Freunde gewinnt man nicht nur – man macht sie sich auch! Zum Beispiel, indem man offen auf Menschen zugeht, sie anlächelt und anspricht. Eine persönliche Wahrnehmung, die Nennung des Namens, ein Händedruck, womöglich eine Umarmung oder gar ein Küsschen wirken Wunder.

Freundlich und herzlich begrüßt, be- und geachtet und zuvorkommend behandelt zu werden, ist Gold wert. Sich dagegen anzubiedern oder gar zu kuschen, stößt eher ab. Ablehnung, Nichtbeachtung, unpersönliche Sprüche und abweisende Gesten erregen Unmut und Abwehr!

Sogar Sterbende fühlen sich wohler und würdiger, wenn sich ihnen jemand zuwendet, zuhört – oder auch nur da ist. Für jemanden da zu sein – ob unter Paaren, Familien, Freunden oder Fremden – ist nicht nur Last, sondern auch Freude.

Spalte nicht die Welt,
sondern halte, was sie
zusammenhält

Viel Geld macht nicht
unbedingt viel Freunde

Freude und Freunde zu
suchen, ist nicht schwer,
Freude und Freunde zu
finden dagegen sehr

Nur wer mit dem anderen
redet, kann ihn auch verstehen

Auf Freunde
zu achten, heißt,
Freude zu machen

Wer verdrossen das
Vertrauen verliert, verliert
vollends den Verstand

Viele Menschen, die sich uneigennützig oder ehrenamtlich um andere gekümmert haben, bezeichnen als ihren größten Lohn die Dankbarkeit – und sei es nur als Geste ohne Worte.

Aber auch ohne direkte Zuwendung verschafft Fürsorge Befriedigung. Allein das Gefühl, etwas Gutes getan zu haben, ist schon ein Geschenk – das man sich selbst macht.

Umgekehrt hinterlässt die Gier nach Selbstbereicherung und Eigennutz oft einen schlechten Geschmack: Die riecht regelrecht nach Rücksichtslosigkeit und Gewalttätigkeit. Ein achtsames Miteinander und ein gerechter Handel erzeugen Freude und Zufriedenheit. Das Gefühl oder gar das Wissen, betrogen zu haben, macht dagegen unzufrieden. Um das schlechte Gewissen zu beruhigen, braucht der Betrüger immer mehr und kriegt nie genug!

Der Mensch ist nicht nur ein spiegelndes, sondern auch ein vergleichendes Wesen. Geht's dem anderen schlechter, geht's einem selbst nur scheinbar besser. Aber: Geht's dem Nächsten gut, geht es einem auch selbst gut!

Jedem Leidenden geht's
viel besser, wenn er nur
ein wenig angehört wird

Nur ein gerechtes
ist ein gutes Geschäft

Wird man nicht beachtet,
schmachtet man nach Achtung

Freundschaften
zu pflegen, heißt,
Freude zu erregen

Wer anderen nicht
traut, dem traut
man nicht

Ein ungerechter und
unzufriedener Mensch ist
der, der sich um nichts und
niemanden kümmert

Deshalb geht die Rechnung auch dann auf, wenn man ein Lächeln, eine freundliche Geste oder gar Zeit und Zuwendung verschenkt. Das verbindet und kostet nichts.

Reiner Eigennutz rechnet sich dagegen nicht. Gier schlägt in Sucht und Sucht in Abhängigkeit um. Nur noch von Geld und Gütern abhängig zu sein, bedeutet Selbstaufgabe. Das vordergründige Selbstbewusstsein weicht schnell dem mangelnden Selbstwertgefühl. Sich Bewunderung zu erkaufen, klappt auf Dauer nicht. Die Zweifel an der Echtheit der Zuneigung und die Angst, offen betrogen und heimlich gehasst zu werden, zermürben.

Leichtlebigkeit hat häufig Leichtsinnigkeit zur Folge. Im Rausch der Sinne werden oft Kopf und Verstand ausgeschaltet, Freunde und Familien verlassen, Herkunft und Pflichten vergessen. Ohne diese Fundamente verlieren viele den Boden unter den Füßen, verirren sich und vereinsamen.

Innerhalb einer jeden Gruppe und Gesellschaft gibt es Treibende und Getriebene, Beherrschende und Untergebene. Alle sind sie zum Überleben unabdingbar.

Die Linie der Liebe

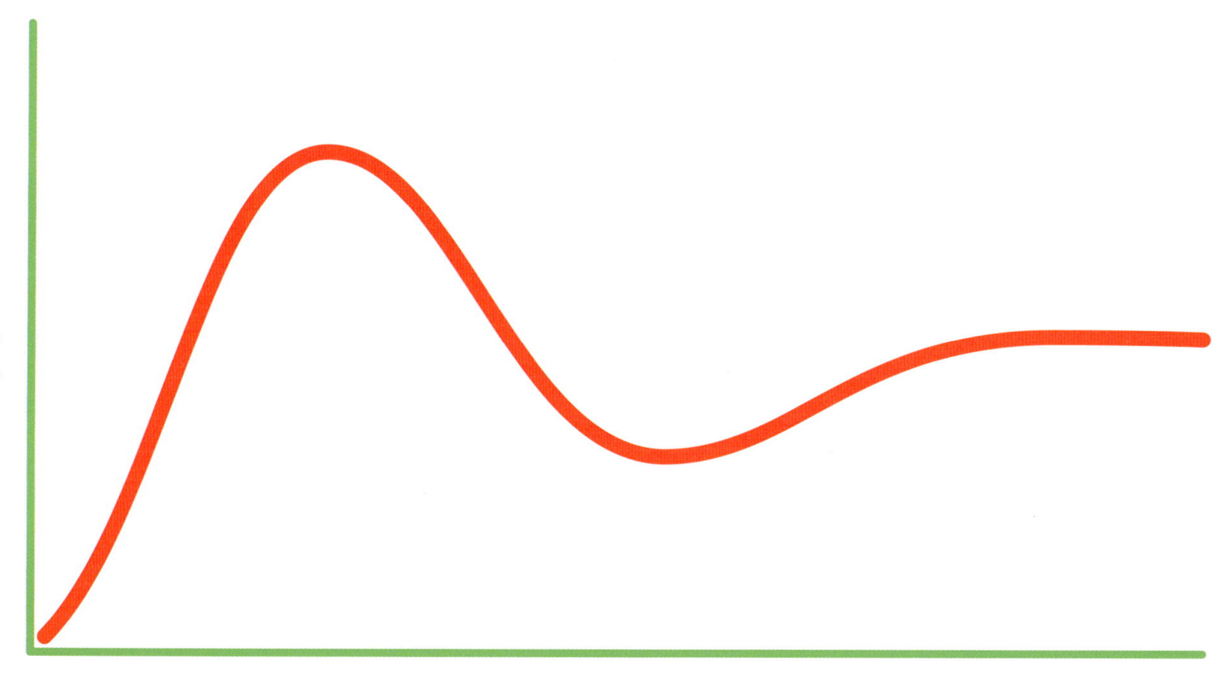

Zugehörigkeit und Zuordnung werden immer neu erstritten und bestimmt. Wer sich wie und wo wohl fühlt, hängt von seiner Begabung, seiner Erziehung und seinem Umfeld, schlussendlich aber von seiner Persönlichkeit ab.

Unterschiede können furchtbar, aber auch fruchtbar sein!

Jeder Mensch kann zur Anpassung und Entwicklung einer Gesellschaft beitragen. Das friedliche Miteinander trägt Früchte – die alle satt und zufrieden machen können.

Dass das Miteinander aber auch ein Gegeneinander bedingt, ist nicht nur schlecht: So werden Gegensätze abgewogen und ausgeglichen. Dieses ständige Hin und Her und Auf und Ab pendelt das richtige Maß ein.

Glück kann es nie nur allein mit Geld und Gütern, sondern nur gemeinsam in Gesellschaft geben. Gemeinsamer Erfolg und gemeinsame Bewegung schaffen Freude, Freude an Erfolg und Bewegung schafft Gemeinschaft.

Wer andere nicht achtet,
verachtet auch sich selbst

Wer sich selbst genügt,
gefällt auch anderen

Aufeinander zuzugehen ist zwar
schwieriger, aber schöner, als sich
voneinander zu entfernen

Wer keine Freunde hat,
kennt keine Freude –
und umgekehrt

Das Anteil nehmen
ist wichtiger als
das Anteil haben

Ob reich oder arm,
jung oder alt – der Tod
macht vor keinem Halt

Den Erfolg des gemeinsamen Jagens und Sammelns, Säens und Erntens hat man immer schon beim gemeinsamen Essen genossen.

Jegliche Anstrengung und Arbeit bemisst sich am Erfolg – und Erfolg an Anerkennung. Anerkennung bedeutet Zuwendung, also: Lohn, Lob und Liebe.

Der Wert materieller Zuwendung, zum Beispiel in Form von Geld und Geschenken, zählt immer weniger als der von geistiger. Geistige Güter gelten mehr als gegenständliche, denn: Geld und Gegenstände braucht am Ende keiner mehr!

Am und für das Lebensende sind materielle Dinge nutz- und sinnlos: Man kann sie nicht mit ins Jenseits nehmen; sie nutzen nur Überlebenden und Hinterbliebenen.

Diese schon im Leben zu beschenken, bringt Anerkennung, Dankbarkeit und Lob – und damit dem Schenkenden mehr als dem Beschenkten, dem Gebenden mehr als dem Nehmenden! Jeder Mensch hat ein Eigenleben und Eigenheiten, die es zu achten gilt; nichts davon ist ohne Wert!

Das Herz im Zwiespalt

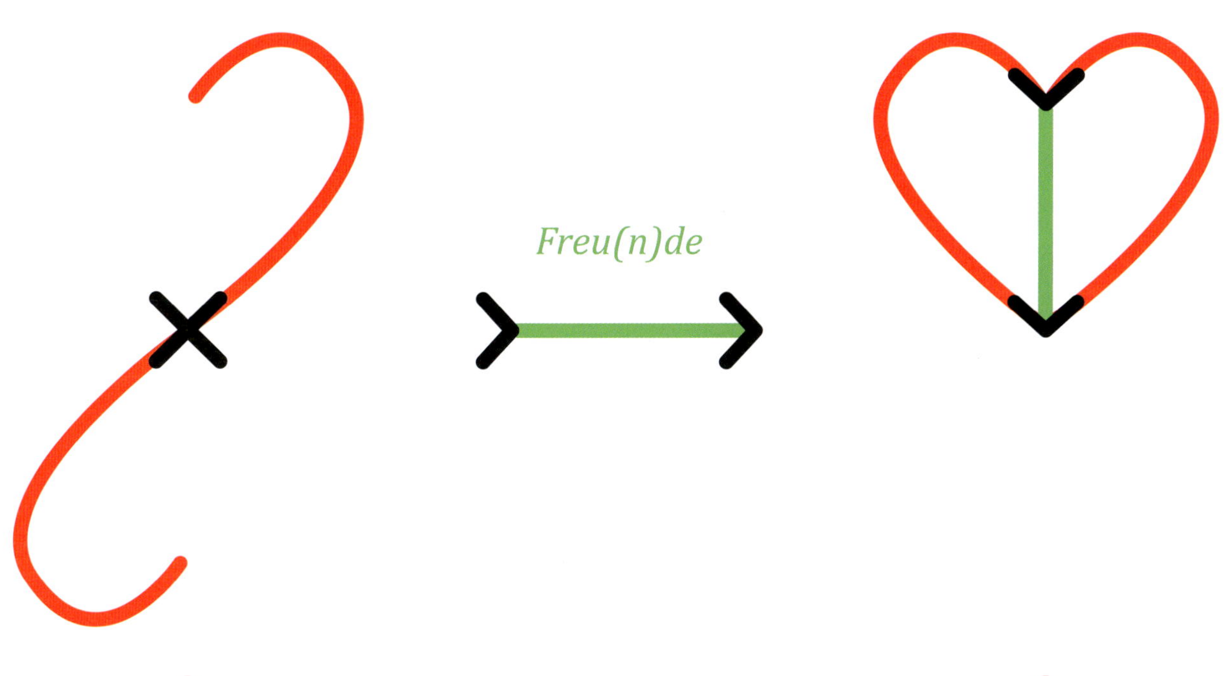

Die Gesellschaft gewinnt mit der Gleichheit der Gelegenheiten. Je gleicher die Entwicklungsmöglichkeiten des Einzelnen sind, desto größer ist der Gewinn der Gesellschaft.

Kein Mensch sieht sich so, wie die anderen ihn sehen. Sich nur selbst im Spiegel zu betrachten, ist einseitig, nicht einsichtig! Deshalb braucht jeder andere, die sein Spiegelbild und die Sicht auf die Welt zurechtrücken: also Freunde!

Fundament

Freiheit

Der Mann unserer ehemaligen Haushälterin, der uns auch nach deren Tod in seiner Rente eng verbunden war, gestand mir einmal: »Glauben Sie mir, Herr Schürer, es gibt nichts Schlimmeres, als morgens wach zu werden und nicht zu wissen, was man tun soll. Das ist keine Freiheit, das ist Folter!«

Frieden gibt es nur mit Freunden. Aber kann es Frieden ohne Freiheit, kann es Freiheit ohne Frieden geben? Kann es ein Zuviel an Freiheit geben? Diese fordernden Fragen lassen sich nicht einfach beantworten, da alle diese Begriffe ihren Wert durch das Maß bestimmen.

Kein Grundgesetz kann dauernden Frieden, grenzenlose Freiheit und ewiges Glück gewährleisten. Eine Verfassung sollte aber Möglichkeiten und Grenzen aufzeigen; nur die Verhältnismäßigkeit lässt sich festschreiben. Freiheitskämpfer, Heilslehrer und Glücksbringer sind deshalb mit Vorsicht zu genießen!

Der Mensch im Maß

Kein Mensch ist dauerhaft frei von Sorgen und Aufgaben, Einengung und Unterdrückung, Beeinträchtigungen und Krankheit, Hunger und Not. Wer Freiheit ohne Schranken, Heil ohne Ende und Glück auf Dauer verspricht, der lügt. Ein Übermaß an Freiheit bedroht den jeweils anderen, immerwährender Frieden kann lähmen. Wer seine Freiheit eingeengt sieht, fühlt sich bedrängt und bedrückt. Und aus Druck und Drohungen können Kämpfe und Kriege werden. Die Freiheit des anderen bedroht aber immer auch die eigene. Deshalb ist die Grundlage des Friedens die Verständigung, die der Verständigung das Verstehen. Dabei ist das Mitfühlen so wichtig wie das Miteinander-Reden.

»Sich in die Lage des anderen zu versetzen« mindert schon die Angriffs- und Kampflust. Jeder Kampf fordert Opfer, und Opfer verlangen nach einem Täter. Letztendlich geht es allen Beteiligten schlecht.

Der eine fühlt sich schuldig, der andere unschuldig, ungerecht behandelt oder misstrauisch allemal. Gerechtigkeit setzt aber Abwägung, Abwägung Aufklärung voraus.

Wer redet, handelt oder kämpft, ohne zu überlegen, ist schnell unterlegen

Wer andere nicht zu Wort kommen lässt, wird selbst nicht beim Wort genommen

Viele Beschränkungen bedrücken weniger als wenige Beziehungen

Macht und Mittel machen Missbrauch möglich

Wer alle überredet, überzeugt niemanden

Wer sich selbst erhöht, erniedrigt andere

Wer nicht aufgeklärt ist, fühlt sich missverstanden, wer nicht verstanden wird, missachtet.

Dass dagegen »der Krieg der Vater aller Dinge« ist, muss bezweifelt werden: Er zerstört mehr, als wieder aufgebaut werden kann, hinterlässt Misstrauen und Rachsucht.

Aufbauend und schöpferisch zu sein, kann nur in sicheren Verhältnissen und in freier Entfaltung gelingen. Wie weit man sich entfalten und ausbreiten kann, ist immer von den Umständen und der Umgebung abhängig. Sind zum Beispiel Klima und Boden schlecht, sucht man nach ertragreicheren Gebieten. Sind diese wiederum bereits besetzt, kommt es zu Konflikten und offenen Fragen: Wem gehört was, wer hat Anspruch auf wieviel?

Diese Fragen werden immer unterschiedlich beantwortet werden, je nach Standpunkt, Ziel und Herkunft. Eines ist jedoch klar: Sie müssen immer neu gestellt werden. Grundlage einer erfolgreichen Erörterung ist das Zuhören, das Ergebnis immer ein Zugeständnis. Denn: Einer allein hat nie recht!

Die Welt im Zwiespalt

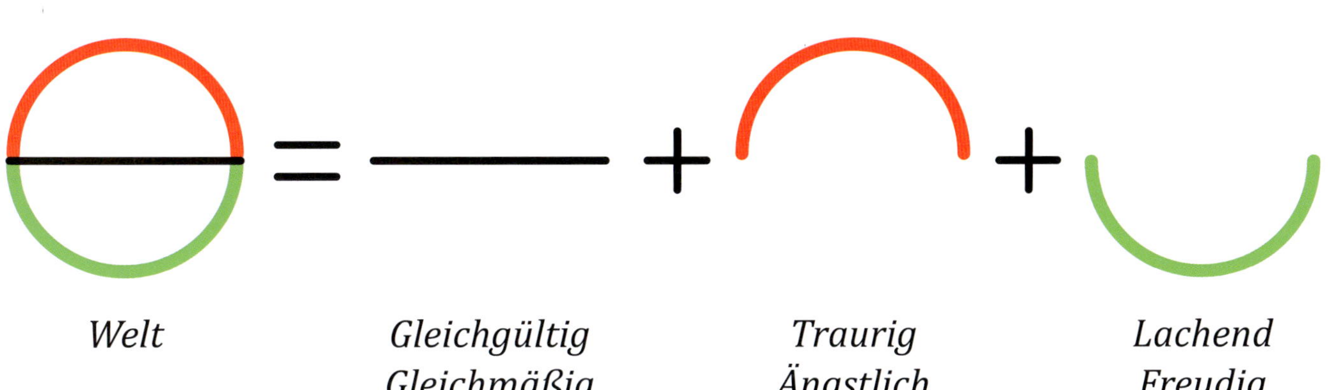

Rechthaberische und alle Freiheiten für sich beanspruchende Parteien verhindern den Frieden. Übermacht und Übermut können Kriege verursachen. Sie zu verhindern, ist eine größere Aufgabe, als unendliche Freiheit zu gewährleisten.

Sich, seine Vorstellungen, seinen Glauben und seine Gründe auszubreiten, ohne auf die Bedürfnisse des anderen zu achten, hat nichts mit Freiheit zu tun.

Der Geruch von Lug und Trug, das Gerücht der Geschäftemacherei zwingt zur Vorsicht: Mit Betrügern und Ausbeutern macht man keine Geschäfte!

Der Gier kann man nur durch innere Einsicht und äußeren Widerstand – also Mäßigung – begegnen. Die Gier nach Mehr ist der Sucht nach Glück geschuldet. Glück ist aber kein Dauerzustand. Um den gleichen Glückszustand zu erreichen, muss man immer mehr leisten, arbeiten und verdienen, schneller sein und höher kommen!

Die äußeren überdecken schon bald die inneren Werte.

Wer frei schafft,
schafft Freiheit

Herz, Hirn und Bauch –
mitunter streiten sie auch

Wer sich ohne jede Rücksicht
verhält, verliert den Rückhalt
und verlockt zur Rache

Einfach bedeutet nicht einfältig
und vielfach nicht vielfältig

Wer anderen wenigstens
ein wenig gibt, schenkt sich
schon selber viel

Für wahre Freiheit
sorgt, wer für sich
und andere sorgt

Obwohl wenige materielle Mittel für ein zufriedenes Leben reichen, vergleicht der Mensch immerwährend: Scheinbar gibt es kein Zuviel, sondern immer nur ein Mehr!

Der, der mehr hat, schätzt sich immer glücklicher, der, der weniger hat, unglücklicher. Dabei reichen eine vergleichsweise niedrige Summe Geldes und bescheidene Mittel für ein reichhaltiges Leben.

Zu viel Geld schafft Neid, Missgunst, Angst und Argwohn, Einsamkeit und Abwendung. Deshalb muss die Gesellschaft das Zuviel und das Zuwenig immer neu bestimmen; der Unterschied darf nicht zu groß werden!

Der Trieb, Eigentum zu erwerben und Gewinn zu machen, dient zweifellos der Entwicklung der Gesellschaft. Geht er aber nur auf Kosten anderer, kommt es zu Konflikten.

Dagegen gewinnen Händler mit passenden Preisen, Erzeuger mit ehrlicher Ware und Wirte mit guten Speisen Kunden, Käufer und Gäste friedlich und langfristig.

Wer das, was er verdient, nicht schätzt, schützt nicht, was er verdient hat

Wer sein ganzes Geld verprasst, wird von der Gemeinschaft gehasst

Die Freiheit des Wählens, Wollens und Willens ist die wahre Freiheit

Geld hat mit Geltungssucht und Kunst mit Können zu tun

Mehr Geld verschafft nicht mehr Vertrauen

Wer den Hals nicht voll kriegt, der ist mit Kopf, Herz und Bauch zerkriegt

Wer immer alles will, bekommt nie genug

Dabei engt die Freiheit, sein Leben zu gestalten und seinen Partner zu wählen, die eigene Meinung zu äußern und die Persönlichkeit zu entwickeln, seine Begabung zu entfalten und seine Umwelt zu gestalten, nicht den Freiraum der übrigen Gesellschaft ein, sondern schafft ein fruchtbares und friedvolles Miteinander!

Die Erforschung eigener Grenzen und fremder Geheimnisse, die Suche nach Neuem und Unbekanntem dienen der Anpassung und Weiterentwicklung. So werden überschüssige Kräfte in Kanäle gelenkt, Erträge geteilt und zu viele Mittel verteilt.

Häufen sich zu viele Mittel (Geld und Gebiete) in zu wenigen Händen, entstehen Missgunst, Neid und Habgier. Der Missbrauch von Freiheit erzeugt Unfrieden, der Unfrieden wiederum Einengung. Der Zwang zur Auseinandersetzung lähmt die Schaffenskraft. Wo nichts Neues erzeugt wird, fehlen Nahrung und Unterkunft. Verlust weckt Angriffslust, die wiederum zerstörerisch wirkt. Zerstörung führt zu Racheakten, immerwährende Bedrohung zur Lähmung – ein Teufelskreis!

Die Welt im Kopfstand

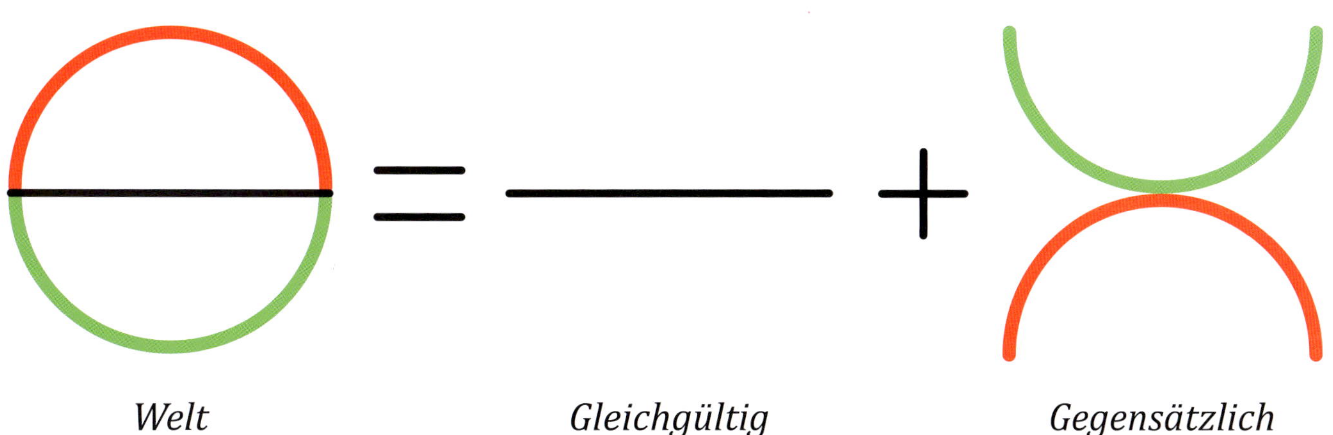

Wer sich allerdings einer Übermacht beugt, ohne sich zu wehren, erniedrigt sich selbst. Und wer nicht hochkommt, richtet auch nicht auf und nichts aus.

So ist das verständige und verständnisvolle Miteinander der Boden für Frieden und Freiheit. Kein Mensch kann Freiheit gewährleisten, wenn er nicht für Frieden sorgt!

Für Unfrieden sorgt, wer nach Lust und Laune handelt. Entschlüsse aus einer Augenblicks-Stimmung heraus treffen zu können, erscheint als verlockende Freiheit und erstrebenswertes Ziel.

Vieles, was zu tun ist, um ein Ziel zu erreichen, wird lustlos und übellaunig gemacht. Und worauf man gerade Lust hat und was Laune macht, erschließt sich selten. Die Qual der Wahl, die Entscheidungsfindung und die Ungewissheit des Vorhabens machen schlechte Laune. Man arbeitet sich in jedem Fall ab.

Warum also die Arbeit nicht für ein lohnenswertes Ziel anpacken? Der Lohn ist Zufriedenheit, wenn nicht gar Glück.

Wer keine Grenzen kennt, freut sich nicht auf die Freiheit

Lässt man andere nicht zu Wort kommen, wird man selber nicht beim Wort genommen

Wer scheinbar alles hat, dem fehlt anscheinend vieles

Geld zu verdienen, ohne andere zu schonen, wird sich niemals lohnen

Verdient man zu schnell zu viel, mangelt's oft an Gefühl und Stil

Stammkunden und Stammgäste stehen zu einem, die Laufkundschaft läuft einem weg

Wer ununterbrochen redet, dem hört keiner mehr zu

Dagegen ist das andauernde Nichtwissen, die mangelnde Erfüllung und die lähmende Langeweile aufreibend.

Eine rasche Entscheidung kann nicht nur Leben retten, sondern auch von unendlichen Sorgen befreien. Dauerhafte Ungewissheit macht krank. Oft ist eine falsche Entscheidung besser als gar keine; aus der ersteren kann man immerhin lernen!

So sehr das »In-sich-hinein-Hören« für den richtigen Entschluss sinnvoll ist, so unsinnig können Launen sein. Endlose Stimmungs- und Meinungsänderungen sind für die Gesellschaft, Familie, Freunde und Partner, aber auch für Betroffene selbst nicht nachvollziehbar. Man traut sich und anderen nicht mehr. Das mangelnde Selbstvertrauen hindert daran, Probleme anzupacken, Hindernisse zu überwinden und Erfolg zu haben. Und: Nur Erfolge steigern das Selbstwertgefühl! Erfolge müssen allerdings errungen werden – mit Arbeit und Anstrengung. Nur dann produziert der Körper Glücksstoffe, die er als Lohn ausschüttet.

Mehr Geld bedeutet oft weniger Gesellschaft

Schnell verdientes Geld ist schnell wieder ausgegeben

Freiheit ist das Gegenteil von Einengung, Eingrenzung und Einschüchterung

Meist muss der Mensch vermitteln, mitteilen, messen und mäßigen

Wer immer alles hat, wird niemals satt

Materie macht Macht und Macht macht Materie

Die Zufriedenheit über das Geleistete kann lange anhalten, während Lust und Laune nur kurzfristige Glücksgefühle und die wiederum die unendliche Sucht nach mehr erzeugen. Die Sorge, aus einer Laune heraus etwas falsch entschieden zu haben, oder gar die Reue über einen falschen Entschluss kosten mehr Kraft.

Die scheinbare Freiheit der Wahl wird dann endgültig zur Qual. Die Entscheidung zwischen Kopf- und Bauchvorgaben ist ebenfalls schwierig – aber zu bewältigen! Die Aufgabe, sich dauernd entscheiden zu müssen, ist aber auch Nahrung für das Gehirn. Wir müssen es mit Denkstoff füttern und es damit wach und lebendig halten.

Ein vorschneller Entschluss verdirbt rasch die Laune, die Lust vergeht nach einer falschen Entscheidung. Wichtige Entscheidungen brauchen Zeit. Die Zeit ist erst reif, wenn verschiedene Stimmungen und unterschiedliche Überlegungen abgewogen sind.

Das Wagnis als Waage

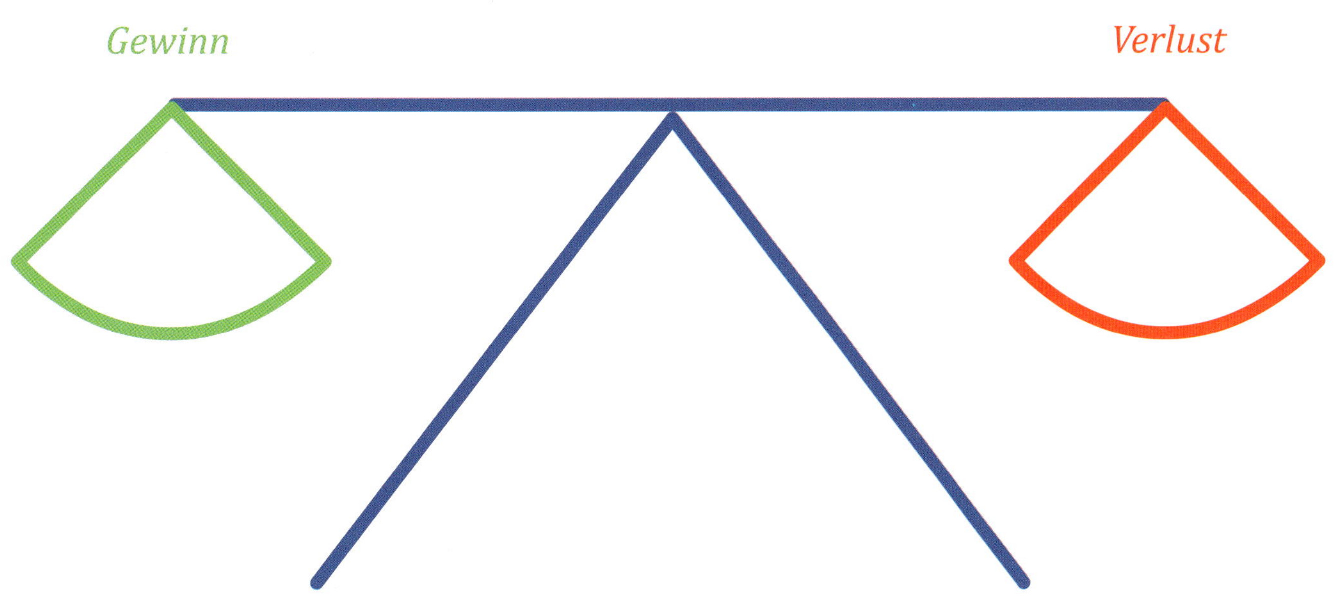

Dass in Notlagen auch Augenblicksentscheidungen notwendig sind, weiß unser Hirn. Der Bauch übernimmt, das Hirn hält still. Es überlegt nicht lang, sondern holt blitzartig Vergleiche aus dem Erfahrungsschatz des Bauches als Entscheidungshilfe. So entkommt man Abgründen und Feinden, überlebt Abstürze und Anschläge. Hier kann Angst sogar ein guter Ratgeber sein, ja, das Gefühl den Verstand verdrängen.

Hat man jedoch genug Zeit oder gar Langmut, ist Abwägung angesagt. So langwierig sie ist – sie ist allemal besser, als nur einer Laune zu unterliegen! Was wirklich wichtig ist, wenn man sich auf dem falschen Weg befindet, ist die Abkehr und die Neuorientierung, nicht der Blick zurück, sondern der nach vorn! Auf der Suche nach einem neuen Weg muss man sich bewusst machen, was warum und wer falsch gelaufen ist.

Irrwege und falsche Entscheidungen, Ängste und Nöte gehören zum Leben und haben uns überleben, lernen und reifen lassen.

Die Angst vor Neuem und Unbekanntem kann schützen und hemmen zugleich.

Das Nachdenken kann zum Umdenken, das Überdenken kann zur Überlegenheit, die Überlegenheit aber zum Übermut führen

Aufregung vor einem Auftritt ist aufreibend – aber auch aufrichtend

Wer viel Lärm um nichts macht, macht taub für fast alles

Untätigkeit macht unzufrieden

Ohne Arbeit gibt es keinen Lohn, ohne Anstrengung kein Lob, ohne Anerkennung keine Freude

Kurven und Kursänderungen, Wellen und Wendungen, Höhen und Hürden sind des Lebens Last und Lust

Wer sich nicht kurz anstrengt, leidet lang

Haltlos in den Abgrund zu stürzen, kann tödlich sein – keinen neuen Weg zu finden, auch!

Dieses Suchen und Finden beschäftigt uns ein Leben lang. Unser Hirn arbeitet ebenfalls das ganze Leben, Tag und Nacht. Selbst wenn wir glauben, nicht zu denken, arbeitet es: Es vergleicht, es liest aus, es ordnet ein und zu, es knüpft neue Verbindungen und sucht gangbarere Wege. Und weil es dauernd arbeitet, braucht es auch Nahrung, also: Aufgaben und Zweifel! Untätigkeit lässt es verkümmern, Forderung fördert es.

Hat das Hirn nichts zu tun, lechzt es förmlich nach Tätigkeit. Die Gier nach Aufgaben schafft jedoch auch Probleme. Man wagt sich oft unbedacht und bedenkenlos an Dinge, die bedrohlich und gefährlich sind. Deshalb bedarf es der Besinnung. Alle Sinne, Kopf und Bauch sollten bei einer lebenswichtigen Entscheidung eingesetzt werden. Hirn, Geist und Körper brauchen Besinnungspausen und Erholungszeiten. Entspannung ist dabei ebenso wichtig wie Schlaf.

Mitunter ist, wer handelt, statt zu überlegen, überlegen

Tätigkeit bedeutet Leben

Mit Herz und Hirn bietet man den Sorgen die Stirn

Freiheit und Fremdbestimmung sind genauso Gegensätze wie Vorschriften und Selbstbestimmung – zum Leben gehören sie aber alle

Unterforderung macht genauso krank wie Überforderung

Wahres Wohlgefühl will erworben werden

Gönne dir nicht, was dir kein anderer gönnt

Eine andere Umgebung, ein anderes Klima, andere Leute und andere Einflüsse können so hilfreich wie gutes Essen und Bewegung an frischer Luft sein.

An etwas anderes als an die bevorstehende Entscheidung zu denken, heißt nicht, dass das Hirn nicht arbeitet. Es sucht und findet oft unbewusst – zum Beispiel im Schlaf – Lösungen. Wenn man es andererseits überfordert, dauernd unter Druck setzt und ihm keine Pausen gönnt, streikt es. Es verwirrt, verzweifelt und erlahmt. Es »stellt sich tot«. Um es am Leben zu halten, braucht es gut verdauliche Nahrung.

Klassisches »Hirnfutter« ist die Kultur. Sie nährt die Lust auf Neues, macht schöpferisch und beweglich, sie regt an und beruhigt zugleich. Gute Bücher, Musik und Filme können so nahrhaft wie Vorträge und Veranstaltungen sein. Die Schönheit von Kunstwerken und Bauten, aber auch von Mensch und Natur baut auf und beflügelt. Frei von Entstellungen und Makeln, Not und Krankheit zu sein, ist ein reiner Glücksfall.

Strom und Spannung

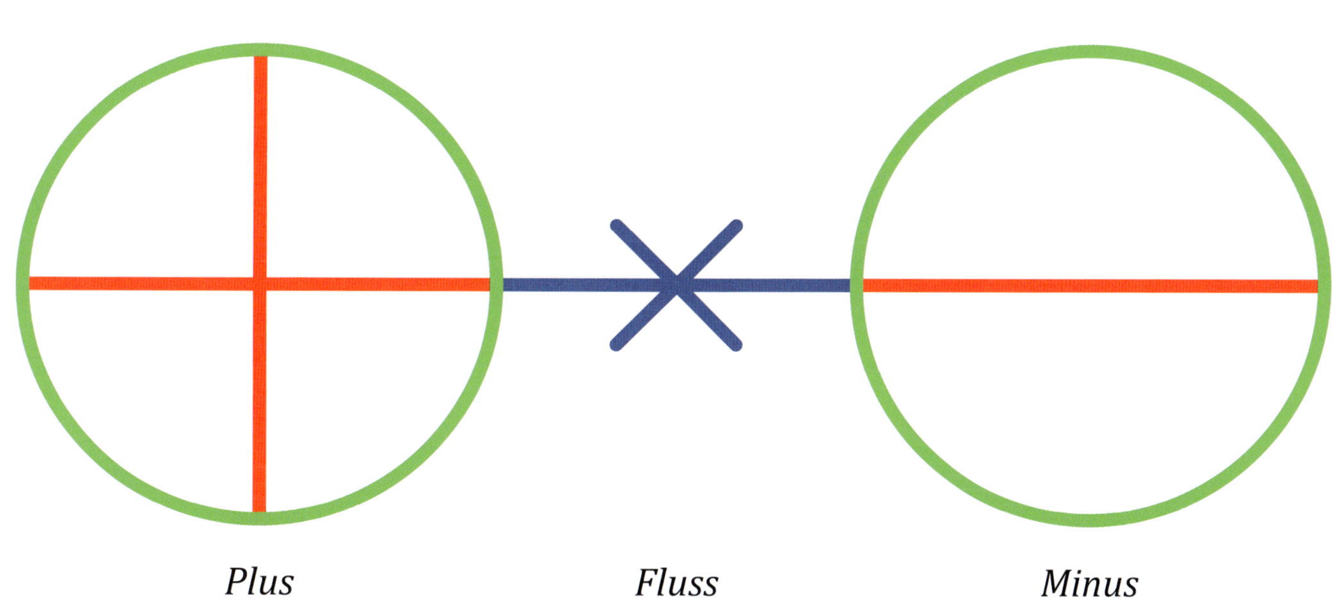

Die Schönheit, die Gesundheit widerspiegelt, muss aber auch erarbeitet und erhalten werden.

Jede Form der Bewegungsfreiheit ist lebensnotwendig!

Das Hirn braucht geistige und körperliche Bewegung gleichermaßen. Bewegung verspricht Durchblutung, Durchblutung Versorgung. Die Tätigkeit des Hirns lässt sich in Strömen, Wellen und Kurven messen. Flache Kurven zeigen Ausgeglichenheit, spitze Ausschläge Erregung, lange Wellen Ruhe, hohe Zacken Überforderung an.

Beides – Anregung und Entspannung – braucht das Hirn. Da es ständig »unter Strom« steht, bedarf es der Spannung. Und Strom fließt nur zwischen gegensätzlichen Polen. Es gibt also nicht nur Gutes oder nur Schlechtes im Hirn. Entscheidend ist für sein Wohlergehen die Abwägung, der Ausgleich und die Ausgewogenheit!

Wir freuen uns nur an unserer Freiheit, wenn wir deren Grenzen ausgelotet haben. Wir achten und wir schätzen nur, wessen Gegenteil wir kennen. Wir genießen nur, wenn wir gehungert haben. Wer keine Krankheit kennt, achtet nicht auf seine Gesundheit.

Betätigung bringt Bestätigung

Entscheidungslosigkeit bedeutet Hilflosigkeit

Nur der Tätige wird glücklich

Wer ewiges Glück und grenzenlose Freiheit verspricht, der sagt die Wahrheit nicht. Beides kann es nicht geben – das widerspricht dem menschlichen Leben

Ohne Last keine Lust, ohne Lust keine Laune

Schwieriges geschafft zu haben, schafft Freude, Schönes geschaffen zu haben, schafft Frieden

Hat man ein Ziel erreicht, lebt man wieder leicht

Nur wer Spannung erfahren hat, kann sich an der Entspannung freuen. Tag und Nacht, hell und dunkel sind Gegenpole, ohne die es keine Dämmerung gäbe.

Es muss uns dämmern, dass es nicht nur Gutes und nicht nur Schlechtes gibt, sondern dass die Wahrheit immer in der Mitte liegt.

Es ist eine Frage der Sichtweise, ob ein Glas halb voll oder halb leer ist. Nachdem aber beides stimmt, sollten wir das »wahrhaben«. Man kann ein solches Glas ausschütten oder auffüllen. Die Freiheit dazu sollte uns freuen!

Dass wir abwägen dürfen, dass wir die Wahl haben, dass wir selbstbestimmt entscheiden dürfen, vermittelt die Freude an der Freiheit.

Dass wir uns auch einmal keine Gedanken und Sorgen machen, nicht rätseln und grübeln müssen, sondern alles liegen und stehen lassen, ausgelassen und lustig sein und damit leicht und locker leben dürfen, ist die schöne Seite der Freiheit – die unschöne ist die der Orientierungslosigkeit!

Bauch, Hirn und Herz
brauchen lebenslang Futter

Überlegenheit erreicht
man nur durch Überlegung

Wer macht, was in
seiner Macht steht,
macht Mut

Freiheit bedeutet
die Möglichkeit der
Entwicklung der
Persönlichkeit und
der Entfaltung der
Begabung

Kurzfristige Angst kann das
Leben retten, dauerhafte Angst
kann das Leben zerstören

Wir fühlen uns oft von Trieben beherrscht. Triebe – egal, ob erworben oder ererbt – können nicht ausgerissen, sondern nur zurechtgestutzt werden.

Ein Leben lang treibt uns der Wunsch nach Selbsterkenntnis dazu, die eigenen Böden und Wurzeln ergründen, die prägenden Triebe, Stämme, Zweige und Blätter zu erforschen. Die Suche nach dem Nährboden seiner selbst ist fruchtbar und spannend zugleich.

Der Überlebenstrieb beruht also auf der Spannung. Ein spannendes ist kein langweiliges Leben. Ein erfolgreiches ist ein ertragreiches Leben: Es hinterlässt Früchte und Spuren und bildet den Boden für neues Leben.

Durch Spannung üben wir die Abwehr, härten wir uns ab und passen wir uns an. Ohne Spannung würden wir nicht überleben.

Schätzen wir also die Spannung, nutzen wir sie – nur dann finden wir zu Gelassenheit und Ruhe. Die Freiheit des Schwankens, Pendelns und Abwägens ermöglicht die Gleichmut und ermittelt das Gleichgewicht!

Die Acht des Muts

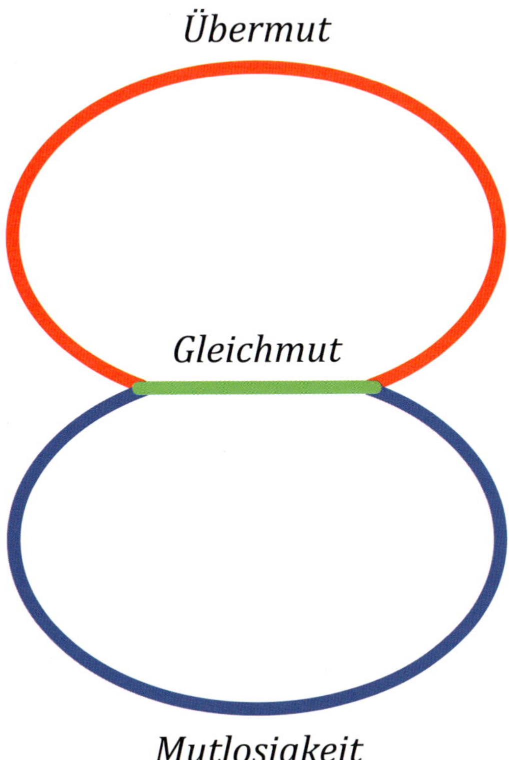

Fundament

Familie

Nach all den geschilderten Erlebnissen – dem Tod meiner Eltern und meines Bruders und der Trennung von meiner ersten Frau –, war ich entschlossen, mein Leben allein zu beenden. Eine neue Familie zu gründen, erschien mir in meiner Verfassung unmöglich. Doch durch Zufall lernte ich eine zugewandte, schöne und gescheite Frau kennen, in die ich mich spontan verliebte. Mit weit über 50, also in einem Alter, in dem andere Männer ihre Enkel bekommen, wurden mir zwei Kinder geschenkt. Deren Liebe hat mich am Leben erhalten!

Wer hätte nicht schon einmal die Familie zum Teufel gewünscht? Sie beschneidet ununterbrochen die eigene Freiheit, engt ein und gibt vor.

Freunde kann man wählen – die Familie nicht!

Vater und Mutter sind nicht austauschbar, die Herkunft ist vorgegeben. Die Eltern befehlen, die Geschwister streiten, die Verwandten nerven. Tatsächlich kann einem die Verwandtschaft als Käfig erscheinen, aus dem es kein Entrinnen gibt.

Forderung fördert
Fortschritt

Liebe und Lob sind
ein Labsal

Wer Körper und Geist
kurz fordert, fördert
lange die Gesundheit

Schwankungen und Zweifel
muss man aushalten,
auspendeln oder aussitzen

Geld und Geschenke sind nur
Mittel der Wertschätzung – Lob
und Liebe dagegen deren Mitte

Die eigene Aufwertung
durch die Abwertung anderer
ist eine Fehlbewertung

Man wird in einen gesellschaftlichen Stand und in materielle Umstände hineingeboren, in Sitten und Gebräuche eingeführt und in einen Personenkreis eingezwängt – ob man will oder nicht.

Ein Säugling kann sich nicht wehren, ein Kleinkind kann sich nicht helfen. Diese scheinbare Wehr- und Hilflosigkeit erzeugt allerdings ein Zuwendungsbedürfnis. Insbesondere die Zuneigung und Liebe der Eltern fördern die Entwicklung des Kindes und die Anpassung an die Umwelt.

Vorwürfe und Schuldzuweisungen scheinbar gescheiterter oder enttäuschter Kinder gegenüber ihren Eltern und Ahnen bringen nicht weiter, Verdrossenheit und Selbstmitleid behindern jeden Fortschritt. Erst das Verstehen-Lernen ermöglicht das Verzeihen-Können und den Frieden mit sich selbst. Sonst bedrückt und bedroht die Erblast einen selbst – ein Leben lang!

Ohne Futter, ohne Essen und Trinken gäbe es auch keine Familie. Kein Mensch überlebt ohne Nahrung – aber auch nicht ohne Liebe! Die Liebe schafft und verbindet die Familie.

Anerkennung + Anregung
= Erfolg

Die Welt ist bunt –
Schwarz und Weiß
sind keine Farben

Wer ein offenes Herz
hat, hat offene Arme
und offene Augen

Es gibt keine zwei
Menschen, die einer
Meinung sind

Vieles können wir nicht
erkennen und erklären,
sondern nur erahnen
und erspüren

Reich und reich gesellt
sich gern – arm und reich
werden niemals gleich

Das Miteinander-am-gleichen-Tisch-Sitzen ermöglicht ihren Mitgliedern Austausch und Rückhalt, Zuwendung und Zurechtweisung, Zugehörigkeit und Zuflucht, Vertrauen und Verlässlichkeit. Die gemeinsame Nahrungsbeschaffung und -aufnahme stärkt den Zusammenhalt und das Gemeinschaftsgefühl.

Wirklich wohl fühlt sich der Mensch nur in der Gruppe. Nur dort kann er satt und zufrieden werden. Die Ernährung ist zwar das Wichtigste im Leben – aber ohne Familie würden wir auch nicht leben. Vater und Mutter haben uns gezeugt, die Kinder ermöglichen das Fortleben. Ohne Kinder gäbe es keine Zukunft, ohne Zukunft keinen Lebenswillen. Der Bauch wäre nichts ohne den Verstand, der Verstand nichts ohne den Kopf. Gefühl und Vernunft müssen sich die Waage halten.

Die ersten Jahre in der Familie prägen das weitere Verhalten. Die Geborgenheit, die die Familie bieten kann, ist unersetzbar. Freunde und Gruppen haben nicht denselben Verband und das gleiche Zuhause.

Der Kern der Gemeinschaft

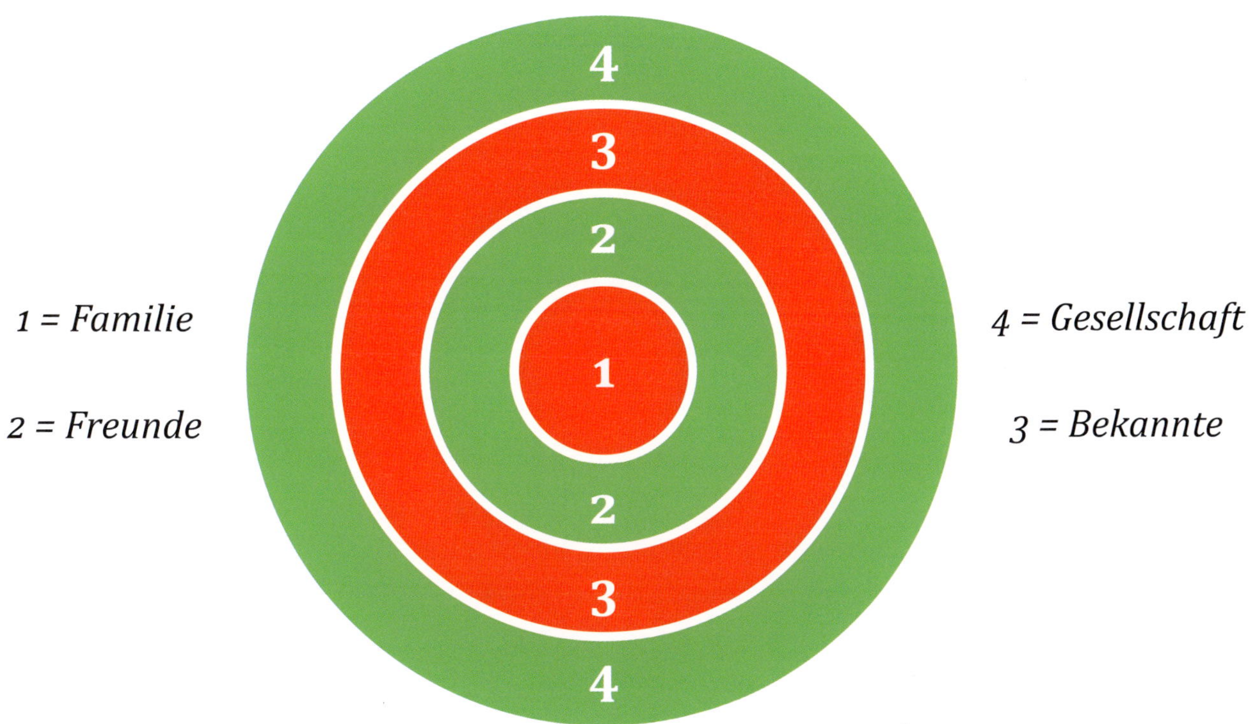

Das gleiche Erbe, die gleiche Herkunft, die gleichen Ahnen, die gleichen Verwandten, die gleiche Umwelt, die gleiche Heimat und die gleiche Sprache verbinden ungemein.

Der Rückhalt durch die Familie fördert Wagemut, Unternehmungslust und Erwerbstätigkeit, die Kinder fordern Zuwendung und Zutrauen. Dieser »Handel auf Gegenseitigkeit« bedeutet einen Gewinn für jeden Teil.

Familienbetriebe und Geschäfte mit Verwandten können auch einmal der ganzen Gesellschaft nutzen. Man handelt schneller, besser und bequemer miteinander, wenn sich die Partner kennen und vertrauen.

Als Gemeinschaftswesen ist der Mensch auf Mithilfe angewiesen. Selbst Gegensätze innerhalb einer Familie können fruchtbar sein: Entscheidungen können ausgestritten und abgewogen werden, ohne dass man sich sofort entzweit. Fehlverhalten und Faulheit können bestraft werden, ohne dass jemand gleich verdammt wird.

Gesund wieder aufzustehen,
wenn man gefallen ist,
ist ein Glücksfall

Ohne Liebe und Lob
ist das Leben eine Last

Der Trieb aller Triebe
ist der Überlebenstrieb

Das Befinden der anderen
spiegelt sich im eigenen Befund

Nicht mehr geliebt
zu werden, bedeutet, keine
Freude mehr zu haben

Der Mensch lebt in
Verhältnissen und
liebt in Beziehungen

Auseinandersetzungen können verständlich, Verhandlungen verbindlich geführt werden. Selbst bei grundsätzlichen Persönlichkeits- oder Meinungsunterschieden liegt eine Versöhnung nahe.

Jedes Mitglied weiß: Ein unversöhnliches Verhalten würde zum Bruch mit der Familie führen. Ausgestoßen zu werden, kann lebensbedrohlich werden. Deshalb neigt jeder Angehörige dieser Kleinstzelle der Gesellschaft zur Zurückhaltung und Anpassung – ohne die persönliche Stellung aufgeben zu müssen. Denn auch die Familie lebt mit und von Unterschieden: Kinder und Eltern sind nicht gleich!

Unterschiedliches Erbe, unterschiedliche Erziehung und unterschiedliche Erfahrungen, unterschiedliche Einflüsse und unterschiedliches Alter können Altes in Frage stellen, Bestehendes zurechtrücken und Neues möglich machen.

Wie jemand redet und handelt, wie er denkt und fühlt und wie er sich wandelt und entwickelt, hängt wesentlich von der Spiegelung in der Familie ab.

Das Erahnen der Ahnen hilft der Selbsterkenntnis

Ein einsamer ist ein armer Mensch

Wer die Ahnen nicht ehrt, ist des Erbes nicht wert

Einsicht führt zur Nachsicht – verstehen heißt verzeihen

Die Familie ist und bleibt die erfrischendste Quelle der Gesundheit und Stabilität

Fürs Heil, gegen des Schicksals Hiebe sorgen Lachen, Lob und Liebe

Steht man unschlüssig vor einer wichtigen Entscheidung, fragt man sich oft, was die Eltern oder Geschwister tun oder raten würden – selbst wenn sie weit weg oder auch gar nicht mehr da sind. Mit »Toten zu reden«, ist beileibe nicht nur ein Hirngespinst, sondern hilft vielen hinterbliebenen Verwandten, ihre Gedanken zu ordnen. Schon die bloße Vorstellung, welche Miene oder Gebärde der Verstorbene zu einem Vorhaben machen oder was er dazu sagen würde, kann klärend wirken!

Noch förderlicher für das Weitermachen oder Weiterkommen ist die Anerkennung durch die eigene Familie. Selbstwertgefühl und Selbstbewusstsein müssen ein Leben lang erworben oder zurechtgerückt werden.

Nichts kränkt oder lähmt mehr als abwertende, nichts stärkt und spornt mehr an als lobende Worte der Eltern! Drücken diese gar noch Stolz auf die Leistungen oder den Werdegang der Kinder aus, ist für die der Gipfel der Glückseligkeit erreicht.

Lieben und geliebt
zu werden, ist das
höchste Glück auf Erden

Zutrauen ist die Mitte
zwischen Vertrauen und
Misstrauen

Mehr Geld macht
nicht mehr Glück

Das sollte man beachten:
Sich und andere achten –
nichts und niemanden
verachten

Missachtung mündet in
Menschenfeindlichkeit

Wer andere nicht beachtet,
wird selbst nicht geachtet

Der Mensch liebt Abwechslung,
ist gierig auf Neues und süchtig
nach Liebe

Liebesbezeugungen sind zwischen Eltern und Kindern so wichtig wie zwischen Eheleuten. Ohne die wiederkehrende Bekundung der Zuneigung entstehen sonst Abneigung und Unsicherheit, im schlimmsten Fall Untreue und Betrug, Kampf und Verlust. Um Verlustängste zu vermeiden, sind immerwährende Versicherung und Fürsorge nötig. Gesten der Verbundenheit, aufmunternde Bemerkungen und zärtliche Berührungen wirken noch aufbauender als Geschenke, Geld und Gewinne.

Gemeinsam etwas Schlechtes überwunden oder etwas Schlimmes überstanden zu haben, verbindet noch mehr. Auch wenn man Krisen nicht heraufbeschwören sollte – sie können Beziehungen festigen und Entwicklungen fördern.

Nichts dagegen erniedrigt mehr, als von der eigenen Familie verachtet oder gar gehasst zu werden. Als Aussätziger sinnt man auf Rache oder Krieg. Nicht nur in der Bibel, in der gesamten Menschheitsgeschichte sind tragische familiäre Auseinandersetzungen bis hin zum Mord geschildert. Neid und Missgunst sind typische Motive.

Ohne Vertrauen wird man sich die Lust am Leben verbauen

Ein Leben lang lechzt man nach Liebe und Lob

Frieden mit sich selbst, heißt, Frieden mit seinem Erbe zu schließen

Gescheite Menschen geben sich gesellig und fürsorglich, dumme selbstgefällig und eigensüchtig

Verbindungen und Vermittlungen sind wertvoller als Geld und Gut

Liebe, Lob und Labsal kann man nie genug genießen

Einseitige Anerkennung oder Zurückweisung, ungerechte Bevorzugung oder Demütigung plagen Eltern und Kinder oft ein Leben lang. Die Entwicklung der Kinder kann durch die Eltern gefördert, aber auch gehemmt werden.

Nur bringen rückblickende Schuldzuweisungen wenig. Sehr viel weiter helfen Aufarbeitung und Verständnis. Denn oft haben Vater und Mutter ein Verhalten oder eine Last ungewollt und unbewusst weitergegeben. Bezieht man die Umstände und Zwänge der Erziehung der Eltern in sein Urteil ein, fällt dieses milder aus. Eine Versöhnung oder Verzeihung ist oft sogar nach deren Tod möglich. Die gedankliche Auseinandersetzung, der Versuch des Verstehens, ja sogar das Niederschreiben der Gedanken und Gefühle können einen tröstlichen Abschluss erlauben.

Letztendlich bedeutet eine Versöhnung mit der Familie eine Versöhnung mit sich selbst. Denn das Erbe der Eltern und Ahnen steckt auch in einem selbst. Die Überbleibsel, mit denen man schwer zurechtkommt, lassen sich nicht aus Körper und Geist entfernen, sondern nur neu zusammensetzen.

Wer für andere sorgt,
sorgt für sich selbst

Schönheit vergeht,
Liebe besteht

Bei einer echten Verständigung
geht es mehr darum, wie man
was sagt – weniger um das,
was man sagt

Ohne Liebe und Lob
ist das Leben eine Last

Nur was und wen man
kennt, kann man schätzen

Auch Geschwister sind
nicht gleich – kein Mensch
gleicht dem anderen

Sie wahrzunehmen, anzuerkennen und zu nutzen, ist sinnvoller, als sie zu leugnen.

Mit all den Seiten zurechtzukommen, die die eigene Persönlichkeit prägen, ist mühsam – aber fruchtbar! Hätte man nämlich nur eine Seite, wäre man nicht nur einseitig, sondern auch einfältig. Interessanter und anziehender sind vielschichtige Wesen.

Eine Lebensaufgabe ist es, aus dem, was einem mitgegeben ist, etwas zu machen – im besten Fall, sich weiterzuentwickeln. Davon haben auch immer die anderen Familienmitglieder etwas, denn Ausgeglichenheit, Zufriedenheit, Zuversicht und gute Laune spiegeln sich.

Die Familie lebt vom »Zusammenhalt«: Dieser Begriff setzt sich aus den Wörtern »Zusammen« und »Halt« zusammen. Ohne das »Zusammen« gäbe es keinen »Halt« – und umgekehrt; der Mensch (als Gruppenwesen) braucht beides!

Wir alle haben überlebensfähige und erfolgreiche Vorfahren; jeder von ihnen hat die Kindheit überlebt und Nachkommen gezeugt – sonst gäbe es uns nicht.

Der Kreisel des Glücks

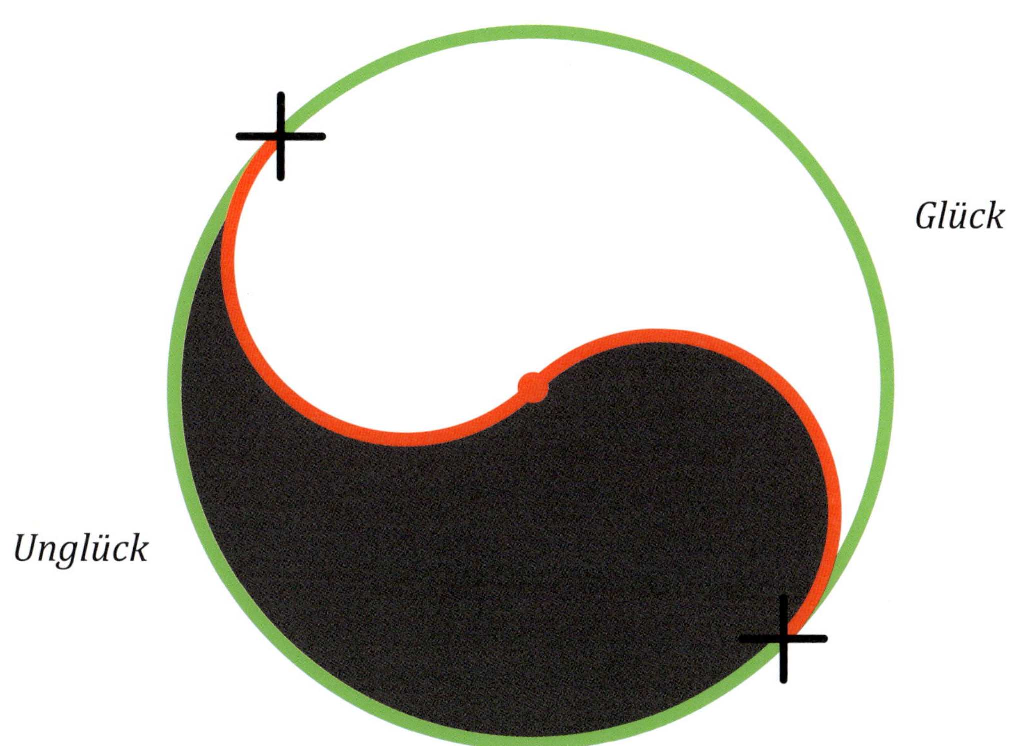

Im Verlauf ihrer Geschichte sind die Menschen zahlreicher, gesünder und älter geworden. Sie haben sich erfolgreich den veränderten Umständen angepasst und trotz Krisen, Kriegen und Katastrophen weiterentwickelt. Eine Krise war immer nur eine Umwälzung, kein Absturz oder gar Untergang. Dies zu bedenken und zu schätzen, gibt auch unter schlimmsten Bedingungen Hoffnung und Auftrieb. Deshalb sollten wir auch das Erbe unserer Ahnen und diese selbst würdigen. Das stärkt die eigene Würde und erhöht den Selbstwert.

Dass sich der Mensch fortwährend fortgepflanzt und angepasst hat, ist schlussendlich der Liebe zu verdanken. Ohne sie gäbe es kein Zusammenkommen, kein Zusammenleben und kein Weiterleben. Achtet man den Wert dieses Gefühls nicht, sind Unterdrückung und Enttäuschung die Folge. Unterdrückte und enttäuschte Menschen sind aber auf Dauer nicht zur Vermehrung fähig. Andauernde Angst und Spannung machen unfruchtbar, nicht ausgelebte Sehnsüchte und unerfüllte Wünsche krank.

Meist muss der Mensch
vermitteln, mitteilen,
messen und mäßigen

Einer der wichtigsten
Triebe ist die Sucht
nach Glück und Liebe

Zusammenkommen sollten
Menschen und Meinungen,
die sich Anerkennung
und Achtung zollten

Auch wenn die
Menschen sich ähneln –
sie sind nicht gleich

Nichts ist unteilbar

Das Weitergeben
von Wissen ist Weisheit

Triebe und Begierden sind nicht nur menschlich, sondern auch natürlich. Wer lustlos ist, ist auch antriebslos!

Der Trieb, sich fortzupflanzen und in irgendeiner Form weiterzuleben, ist unbezwingbar. Das Richtige, die Richtige oder den Richtigen zu finden, ist eine Lebensaufgabe.

Ohne Zugeständnisse gibt es aber kein Zusammenkommen, ohne Verständnis kein Weiterkommen. Der Schlüssel für ein gutes Zusammenleben ist die Achtung. Achtet man die Eltern, achtet man die Ahnen, achtet man die Anderen, achtet man sich selbst.

Die nächsten Ahnen sind die Großeltern. Wie der Begriff schon andeutet, haben sie großen Einfluss auf die Kinder. Die Schwierigkeiten dieser werden kleiner, wenn sie in einer Großfamilie aufwachsen. Nachweislich ist dort der Verbrauch von Alkohol und Drogen und die Häufigkeit von Straftaten um ein Viertel geringer als in reinen Kleinfamilien. Die Möglichkeit, sich nach unterschiedlichen Meinungen und Verhaltensweisen zu richten, tut der Entwicklung gut. Auch die ruhigere und gelassenere Art, die das Alter mit sich bringt, wirkt ausgleichend.

Wer sich selbst nicht achtet, missachtet auch andere

Die Klugheit ist die wichtigste Tugend, denn: Wer klug ist, der glaubt an das Gute, der hofft auf Erlösung, der liebt die Menschen, der ist tapfer, der handelt gerecht und mäßigt sich

Verständnis und Verhältnismäßigkeit verhindern Verdruss

Wer das Erbe ehrt, ehrt sich selbst

Der Rat von Großeltern, Tanten und Onkeln kann in verzwickten Situationen erlösend wirken.

Aber auch Mischfamilien können vieles ersetzen, was Eltern nicht zu leisten vermögen. Neue Beziehungen von Elternteilen können friedlicher und wohltuender wirken als alte Bindungen im Dauerstreit. Nachdem in deutschen Städten die Hälfte aller Ehen wieder geschieden wird, sind für die Kinder die Zuflucht und der Halt in einer guten neuen Beziehung lebensnotwendig. Ohne Geborgenheit stirbt der Lebensmut!

Der Familienbegriff hat sich in den letzten Jahrzehnten deutlich gewandelt. Auch Unverheiratete und Alleinerziehende sowie gleichgeschlechtliche Paare gelten als »Familien«. Auch diese können Halt geben und Geborgenheit vermitteln. Entscheidend ist immer die gegenseitige Achtung und Liebe.

Nicht zu leugnen ist allerdings die eingeschränkte Vermehrungsmöglichkeit der letzteren. Das unterschiedliche Erbe, die ungleiche Herkunft und die fehlende Verwandtschaft lassen sich nur schwer übersehen.

Wer andere nicht achtet, wird selbst missachtet

Ein kleiner Scherz sowie ein kurzer Schmerz kann Schönes schaffen

Leben heißt lieben und leiden – und lassen

Wer in der Familie Rache sucht, findet keine Ruhe

Ein noch so arger Ärger verfliegt, wenn man ihn nicht zu arg bekriegt

Zu wenig Vertrauen bedeutet zu viel Verlust

Samenspender und Leihmütter können weder zeitlich noch räumlich das Aufwachsen der Kinder begleiten. Deshalb ist es aussichtslos, die Gepflogenheiten einer leiblichen Kernfamilie nachahmen zu wollen. Hilfreicher für die Kinder ist der Aufbau einer freundschaftlichen Beziehung, die auf Ehrlichkeit setzt!

Die Gefahr von Trennungen wird geringer, wenn sich die Partner lange und gut genug kennengelernt haben, Freundschaften pflegen und einen Ausgleich zwischen Berufs- und Privatleben finden. Ein erfülltes Leben ist ohne gute private Beziehungen nicht denkbar. Mit Geld und gesellschaftlicher Anerkennung allein lässt sich privates Glück nicht erreichen.

Auch wenn Wohlhabende eine große Familie ernähren und verwöhnen können: Die Reichen sind oft arm, wenn es um Ruhe, Zeit und Zufriedenheit geht. Die Gewöhnung verhindert, dass das Erworbene eine immer sprudelnde Quelle der Erfüllung bleibt. Im Verhältnis wird das Mehr immer weniger. Das Versäumte im Privatleben kann weder mit Geld bezahlt noch mit Zuschüssen nachgeholt werden.

Sich selbst zu erkennen, heißt, herauszufinden, wer man warum ist

Angst, Bequemlichkeit und Unsicherheit lähmen

Verstand, Vergleich und Verhältnismäßigkeit vermitteln das vernünftige Verhalten

Kein Mensch bleibt für immer da, wo er gerade steht

Wenn etwas hält, muss man sich daran halten

Das unveränderlich Beständige ist die beständige Änderung

Viele Menschen, die im Berufsleben fortgeschritten und erfolgreich sind, erweisen sich im Privatleben als erfolglose Anfänger.

Vier Fünftel aller Deutschen glauben, dass eine Familie die Grundlage des Lebensglücks ist, drei Viertel haben Geschwister und viermal so viel wie Alleinstehende leben in einer klassischen Verbindung.

Jede Form der Familie kann Schwächen ausgleichen, Launen dämpfen und Unglück abfangen. Männer neigen zum Angriff, Frauen zur Verteidigung.

Viele Verbrechen geschehen in der Familie. 95 Prozent aller in Haft befindlichen derartigen Straftäter sind Männer, die meisten Opfer partnerschaftlicher Gewalt sind Frauen. Um den Missbrauch und die Angriffslust zu bändigen und den Widerstand zu stärken, bedarf es auch der anderen Familienmitglieder, Kindern und Großeltern, Geschwister und weiterer Verwandter. Die wissen oft mehr über die Form und Geschichte von Beziehungen als Freunde. Nachdem man sich nähersteht, versteht man die Gründe für seelische und körperliche Konflikte besser.

Über den Sinn des Lebens können wir nur rätseln, den Zweck des Daseins nur erraten. Das große Ganze muss man sich zusammenreimen

Verzweifle nicht an der Welt, sondern schau, was sie zusammenhält

Kinder sind keine Krieger, sondern Kämpfer und Könner

Sinn im Leben gibt das Streben – nach Besserem, Höherem und Weiterem

Wer ein offenes Herz hat, hat offene Arme und offene Augen

Man kann Täter und Opfer besser auseinanderhalten als jeder Außenstehende und kennt Verhältnisse und Befindlichkeiten länger als Freunde. Stimmungsschwankungen werden ausgeglichen, Abstürze aufgefangen.

Es gibt immer Verwandte, die mit Witz und Humor aufmuntern und mit Erfahrung und Erkenntnis aufrichten können. Jeder Mensch hat Lieblings-Onkel, -Tanten oder -Vettern. Omis oder Opas können Kinder einen Rat geben, den diese von ihren Eltern nie annehmen würden. Allein der Abstand lässt sie vieles gelassener angehen.

Es gibt keinen kürzeren Weg zum eigenen Wohlbefinden, als Anderen etwas Gutes zu tun. Und wenn »die Anderen« eigene Verwandte sind, ist diese Beziehung noch ausgeprägter. Das Kümmern und Mitfühlen unter Familienmitgliedern beruht auf Gegenseitigkeit, schafft Verbundenheit und Sicherheit.

Die kleinste Einheit einer Familie bildet eine Zweierbeziehung.

Der Mensch in der Waage

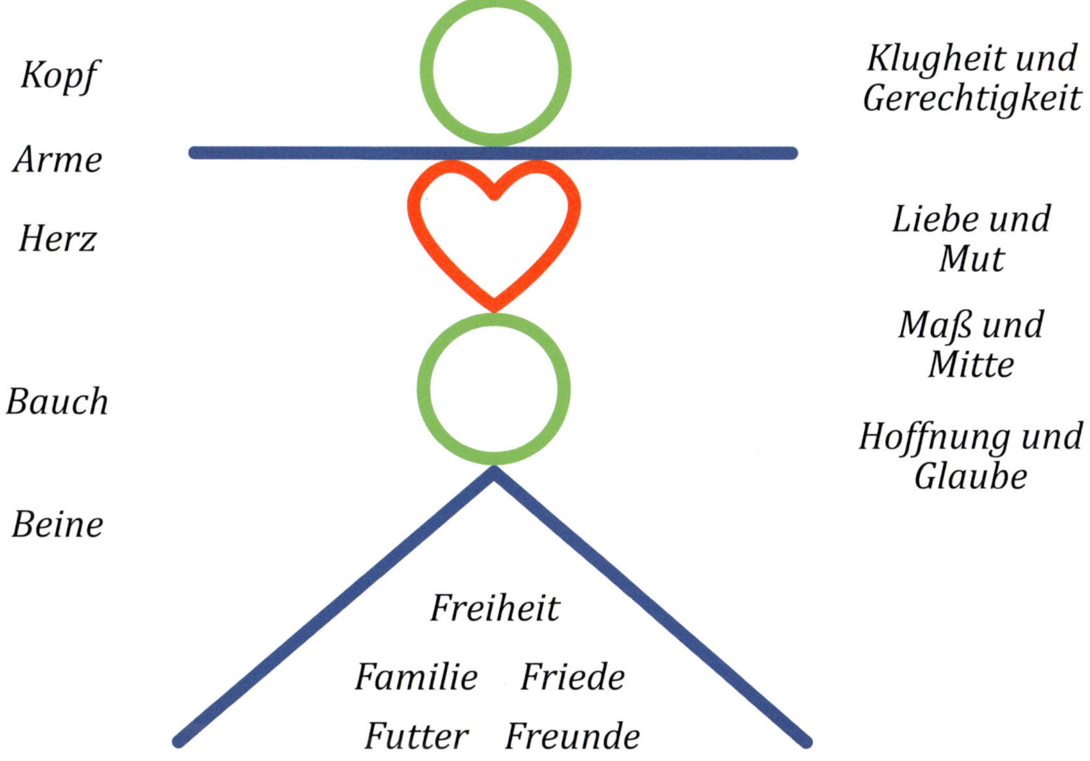

Wie ein Paar zusammenfindet, ist ein ewiges Rätsel: Ist es der Trieb oder ist es die Liebe, ist es die gleiche Herkunft oder das gemeinsame Ziel, ist es der Überlebenswunsch oder die Ernährungsgrundlage, ist es der Druck der Familie, ist es Einsamkeit oder Sehnsucht? »Ziehen sich Gegensätze an« oder »gesellt sich gleich und gleich gern«?

Wahrscheinlich stimmt beides! Nachdem Liebe bekanntlich »blind macht«, wird in der ersten Zeit des Zusammenseins alles Widersprüchliche ausgeblendet. Nachdem die Gefühlswogen abgeebt sind, zählen nur noch die »harten« Gründe: Kann der jeweils andere Teil Kinder kriegen und für sie sorgen, kann man ihn vorweisen, ist er furchtlos und fleißig, treu und zuverlässig, sparsam und fürsorglich, gesund und geschickt, mutig und mäßigend, anpassungsfähig und angriffslustig?

Aus der Gesellschaftslehre weiß man, dass sich Gruppen jeder Größe vorzugsweise aus ähnlichen Personen bilden: Aussehen und Körperbau, Stand und Einkommen spielen eine ähnliche Rolle wie Abstammung und Bildung.

Gleichheit und Gegensatz

Gleich *und* *gleich* *gesellt sich* *gern*

Gegensätze *ziehen sich* *an*

Die Biologie, die »Wissenschaft vom Leben«, stellt wiederum die Anpassungsfähigkeit in den Vordergrund: Wenn sich Gegensätze vermischen, entstehen überlebensfähigere Wesen. Folgerichtig zählen Gleichheit und Gegensatz bei der Bildung einer Beziehung gleichermaßen. Das eine widerspricht nicht dem anderen!

Sich einem Partner, einer Gruppe, einer Gesellschaft oder einer Herde anzuschließen, ist für den Menschen als Säugetier überlebensnotwendig. Ein solches Wesen muss in der ersten Lebenszeit gestillt, also gefüttert, es muss gepflegt, gehegt und geschützt werden. Wird es nicht angenommen oder gar verlassen, kann das den Tod bedeuten.

Es muss sich also fügen und wohl verhalten. Einfältige, Schwache oder Widerspenstige sind gegenüber Klugen, Anpassungsfähigen und Starken im Nachteil – die Natur ist ungerecht! Als Gruppenwesen neigt auch der Mensch zum »Herdentrieb«: Er tut, was alle anderen tun. Daher rührt auch die Angst, geächtet oder ausgestoßen zu werden!

Die Welt der Elemente

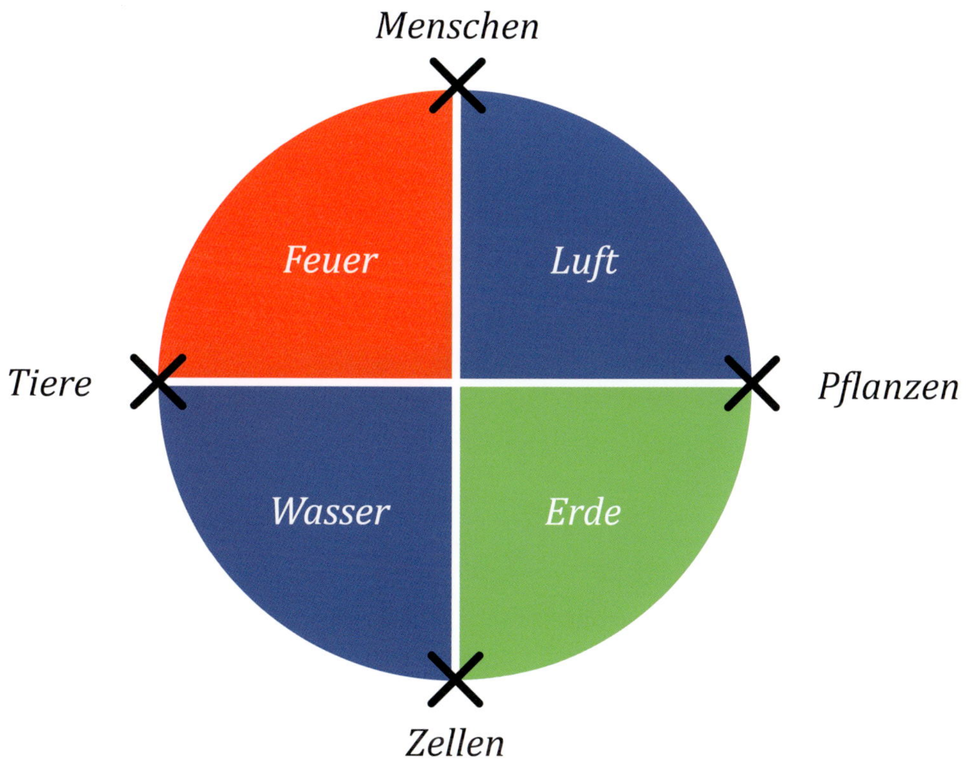

Nicht be- oder geachtet, schlimmstenfalls gedemütigt oder gekränkt zu werden, ist für ein Kind ein Leben lang belastend. Beziehungsunfähigkeit, Persönlichkeitsstörungen und Fehlverhalten fußen oft in der frühen Kindheit – oft kaum wahrnehmbar oder bewusst. Auch Eltern tragen eine solche Erblast oft weiter, ohne sie abgelegt, erkannt oder aufgearbeitet zu haben. Diese Aufgabe können nicht zu nahestehende Vertrauenspersonen wie Großeltern, Onkel und Tanten, mitunter auch nur Freunde und Fachleute übernehmen. Der dafür nötige Abstand, das Einfühlungsvermögen wie auch die Erfahrung fehlen allzu engen Partnern. Die können aber mit Verständnis und Geduld dazu beitragen, dass ein seelisch verletzter Mensch wieder gesund und stabil wird.

Das beste Heilmittel ist und bleibt die Liebe der Familie!

Das Da-sein ist der Sinn
des Daseins

Hassen und gehasst
zu werden, ist die Hölle –
schon auf Erden

Nur die geteilte ist
die gesamte Freude

Liebesentzug
ist schlimmer
als schwerer Betrug

Wer mit anderen redet,
rechnet auch mit sich selbst

Lieben und geliebt zu
werden, ist der Himmel –
schon auf Erden

Zweifel ist gut,
Vertrauen ist besser

Fundament

Futter

Ein alter Bundeswehr-General, der schon bei der Wehrmacht gedient hatte, meinte zu mir, nachdem wir uns über den Wert der Freiheit unterhalten hatten: »Nach der Beendigung des Zweiten Weltkrieges glaubten die Amerikaner, uns die Freiheit gebracht und damit das Leben gerettet zu haben. Wir hätten zum Überleben allerdings viel eher »was zu futtern« gebraucht!«

Auf einer Safari in Afrika fuhr der Fahrer eines Autos, in dem ich saß, ein wildes Huhn an. Dieses flüchtete verwundet in einen nahe gelegenen Dornenbusch. Eigentlich, um es zu retten, nicht, um es zu jagen, robbte ich trotz der Warnungen vor Schlangen und Verletzungen in diesen und fand es schließlich sterbend. Der Jagdtrieb und die Gier nach »was zu futtern« hatten mich übermannt!

Die Vorgaben »Fressen und gefressen werden« bestimmen den Kreislauf des Lebens – das stete Werden und Vergehen, Geburt und Tod.

Für sich und andere da sein – leben und leben lassen

Um einen Menschen zu verehren, brauchst du ihn nicht zu begehren

Wer erklärt, ehrlich zu sein, redet oft nur rücksichtslos

Die Kardinaltugenden sind die Dreh– und Angelpunkte eines guten Lebens

Wurde dir nur eine Beziehung genommen, ist das Vertrauen noch nicht abhanden gekommen

Wer sich selbst nicht liebt, hat auch andere nicht lieb

Jedes Wesen in jeder Form, in jeder Fassung und in jedem Alter braucht Futter, um zu überleben. Ohne Nahrung stirbt auch der Mensch.

Essen und Trinken sind also das Wichtigste im Leben – bis zu dessen Ende! Damit tanken wir Kraft und Energie. Die wiederum brauchen wir, um den Motor des Lebens am Laufen zu halten. Der läuft nur richtig rund, wenn er den richtigen Kraftstoff bekommt. Der muss ihm schmecken und bekommen.

Schlechtes Futter schwächt, schlechter Kraftstoff vermindert die Laufleistung, schlechte Nahrung verkürzt die Lebensdauer und verdirbt die Laune. Genuss und Geschmack dagegen heben die Stimmung und machen Lust. Das Herz schlägt freudig, das Blut kreist, der Kopf wird frei, der Bauch fühlt sich wohl, das Hirn erholt sich. Körper und Geist sind satt und zufrieden. Das Wohlgefühl stärkt Antrieb und Auftrieb. Gutes Futter lässt das Leben gedeihen, gutes Essen ist eine Quelle der Freude!

Nicht nur der Bauch, auch der Kopf will gefüttert werden!

Wer nicht genießen kann, ist ungenießbar

Hirn und Herz belohnen Maß und Mühe

Alles, was der Mensch zum Leben braucht, ist was zu essen, was zu trinken, ein Dach über dem Kopf – und Liebe

Einen ersten Schritt auf einem neuen Weg zu wagen, heißt zunächst, zu entsagen

»Fressen und gefressen werden«: Das ist das Schicksal jedes Wesens hier auf Erden

Ein leerer Bauch will essen, ein volles Hirn will vergessen

Ein leeres Hirn verlangt nach Aufgaben, ein leerer Bauch nach Essen. Die Suche nach, das Finden und die Zubereitung der Nahrung fordern alle Sinne: das Sehen, Hören, Fühlen, Riechen und Schmecken. Diese wecken die Vorfreude auf das Essen, das Essen wiederum enthält Vorboten des eigentlichen Glücksgefühls. Bauch und Hirn senden Boten, tauschen Nachrichten und schütten Glücksstoffe aus.

Der eigentliche Botenstoff des Glücks kann nur da, wo er wirkt – nämlich im Gehirn – aufgebaut und nicht von außen zugeführt werden. Deshalb kann der auch nur ausgeschüttet werden, wenn (durch Denken und Handeln) genug davon aufgestaut ist. Je häufiger und je mehr er ausgeschüttet wird, desto schneller wird er abgebaut. Die Ausschüttung ist der Lohn für den Aufbau. Lohn gibt es nur für Arbeit und Anstrengung, Zufriedenheit nur durch Ausgleich und Mäßigung, Sättigung nur nach Hunger und Durst.

Das Hirn lernt, dass Essen und Sättigung zufrieden und glücklich machen, und sucht immer wieder und genau danach – und das kann zur Sucht werden!

Das halb volle / halb leere Glas

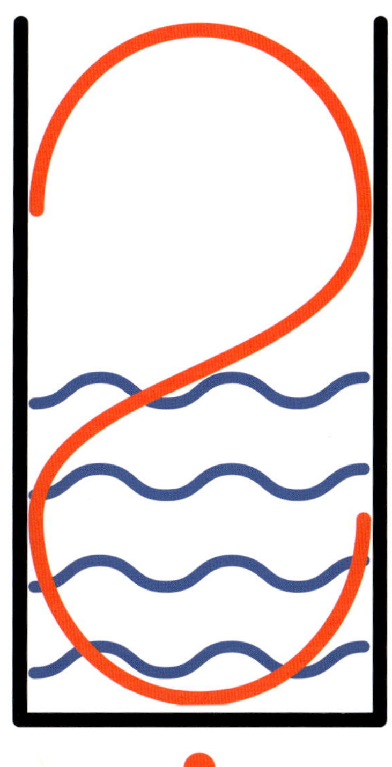

Ein gesunder Ausgleich kann nur mit Verstand und Gefühl gelingen.

Essen und Trinken sind die Nahrung des Körpers, Familie und Freunde die der Seele. Beziehungen nähren Leib und Seele. Geistige Nahrung ist beinahe so wichtig wie körperliche. Die wiederum vermittelt die Sprache, die Schrift, die Kunst und die Musik. Deren Schönheit ist stimmig und schafft Stimmigkeit. Auch Liebe und Lob sind Lebensmittel. Das Leben teilt sich in Freud und Leid. Ohne Leiden gibt es keine Freuden.

Ohne Hunger gibt es keinen Appetit, und ohne Appetit schmeckt nichts! Und ohne Geschmack gibt es keinen Genuss und ohne Genuss kein Glück. »Essen und Trinken halten Leib und Seele zusammen«, »Liebe geht durch den Magen«, »Das Auge isst mit«: Diese Weisheiten ermöglichen ein Leben mit Geschmack und Freude!

Der Mensch verfügt (wie andere Säugetiere auch) über ein Kopf- und ein Darm-Hirn. Bereits während seines Entstehens im Mutterleib spaltet sich das ursprüngliche Nervenrohr entsprechend auf.

Mund und Mensch

Die Beziehung zwischen den Teilen bleibt aber über andere Kontaktwege lebenslang bestehen. Meistens ist sie innig und fruchtbar, manchmal aber auch zerrissen und schmerzhaft!

Kopf und Bauch, Verstand und Gefühl weisen mitunter in gegensätzliche Richtungen. Den richtigen Weg und das Gleichgewicht zu finden, ist eine lebenslange Aufgabe. Unbewusste Erfahrungen und bewusste Überlegungen können gleichermaßen zu den passenden Entscheidungen führen.

So sind auch Maß und Mäßigung bei der Suche und Aufnahme von Futter angesagt. Futterneid löst ebenso wie die Beschränkung oder ein Übermaß von Nahrung Konflikte aus.

Nachdem die Ernährung lebensnotwendig ist, hat der Mensch gelernt, in guten Zeiten für schlechte vorzusorgen. Er weiß nicht nur, wie man jagt und sammelt, wie man sät und erntet, sondern auch, wie man überlebt und sich vermehrt – aber auch, dass alles ein Ende hat und einen Neuanfang nimmt: Er kennt den Kreislauf!

Die Nahrungsbeschaffung verbindet, das Essen verständigt

Lust und Genuss sind die Triebfedern der Fortpflanzung

Futterneid kennen schon Kinder – Erwachsene werden nicht klüger

Was man begehrt, wird geehrt

Wer nicht genügsam ist, kann nicht genießen

Das kleinste Korn ist der Kern des Kosmos

Die Futter- und Nahrungssuche bedeutet Bewegung und Vorankommen und bedingt Arbeit und Anstrengung. Arbeit macht Appetit. Sie dient dem Handel, der Handel der Wirtschaft, die Wirtschaft dem Einkommen, das Einkommen der Nahrungsbeschaffung.

Umsichtig und nachhaltig mit der Mutter Natur umzugehen, ist die Grundlage für die Zukunft der Welternährung. Vorräte anzulegen und aufzuteilen, ist sinnvoller, als darum zu kämpfen – was Hunger, Not und Tod bringen kann. Zu viele Wesen auf zu wenig Raum geraten sich in die Haare, Kämpfe und Kriege sind die Folge. Um nicht die Lebensgrundlage für alle zu zerstören, ist deshalb Verständigung und Beschränkung angesagt. Menschen können sich nicht nur mit ihrer Sprache, sondern auch mit Gebärden, Zeichen und Bildern verständigen. Sich zu unterhalten, sich gegenseitig einzuladen und zu verköstigen, sich an einen Tisch zu setzen und miteinander zu essen, sind die Grundlagen eines friedlichen Zusammenlebens.

Sättigung und Hunger im Kreis

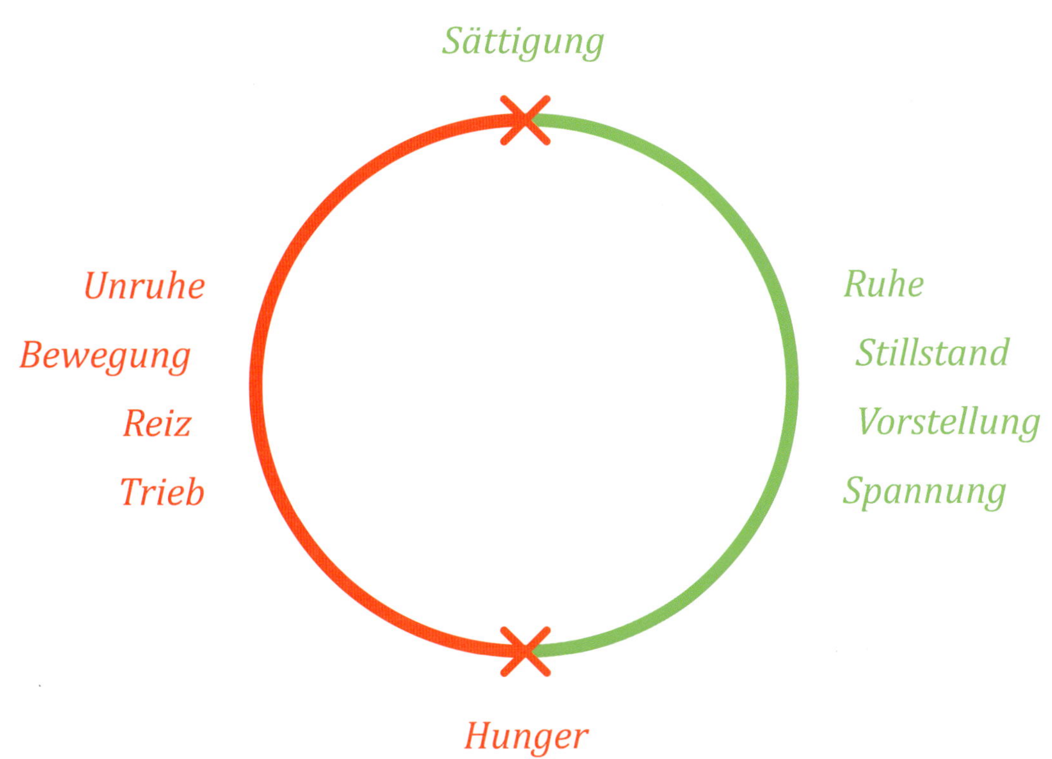

Schon die Urmenschen haben miteinander gejagt, gesammelt, geerntet und gegessen. Gemeinsam um das Feuer zu sitzen, an dem man sich gewärmt und mit dem man die Speisen zubereitet hat, hat immer schon verbunden. Man hat miteinander gekocht, gerochen und gespürt, gehört und geschmeckt. Man hat sich ausgetauscht, beraten, getröstet und gelobt – und konnte satt und zufrieden seiner Wege oder zu Bett gehen.

Später wurde die Feuerstelle zum Tisch, der Tisch zur Tafel. Miteinander zu tafeln war etwas Feierliches. An Feiertagen gab es etwas Besonderes, worauf man sich zuvor gefreut und wovon man hinterher gezehrt hat. Eine Festtafel war immer auch Nahrung für Bauch und Hirn, Herz und Auge – Freude am Essen, Freude mit Freunden und Familie, Freude am Leben!

Gemeinsames Essen ist damit ein sinnvoller und sinnlicher Akt. Mit dem Gefühl des Bauches und dem Verstand des Kopfes wird man der Wahrheit gemeinsam näher kommen.

Zu viel oder schlechtes Essen stößt einem auf oder erbricht man. Es macht krank oder zumindest schlechte Laune.

Leben heißt leiden,
aber auch: sich laben
und lustig sein

Befund und Befinden sind
eng miteinander verknüpft

Wer immer alles hat,
wird nimmer satt

Hunger und Durst
machen schlechte Laune,
aber richtig Lust aufs
Essen und Trinken

Der Darm beeinflusst also das Hirn, Gesundheit und Wohlbefinden. Er sendet Signale an das Hirn und umgekehrt. Ein gesättigter Bauch produziert Glücksstoffe, ein beglücktes Hirn Lustgefühle. Appetit und Verlangen werden meist unbewusst gesteuert. Sie sind abhängig von den unterschiedlichen Darmtypen und Geschmacksempfindungen sowie der individuellen Verwertung. Unverträglichkeiten und Überempfindlichkeiten können eine ebenso große Rolle spielen wie Bedarf und Belastung.

Der Geschmacks- und Geruchssinn weiß ziemlich genau, was für den Körper gut oder schlecht ist und was ihn anzieht oder abstößt. Er löst direkt Gefühle wie Ekel oder Verlangen und Empfindungen wie angenehme oder unangenehme Erinnerungen aus. Gefühle und Gedanken, Verstand und Vermutung können nicht ohne einander auskommen!

In den letzten fünfzig Jahren sind die Menschen im Schnitt weltweit zehn Jahre älter geworden und haben zehn Kilo zugenommen.

Mangelt’s an der Nahrung,
kommt‘s nicht zur Paarung

Schlemmen bringt
dem leeren Magen Glück,
dem vollen aber Unglück

Futter entsteht aus Fleisch
und Pflanzen – beide brauchen
gesunde Natur, also Erde,
Wasser, Luft und Sonne

Hunger – Vorstellung –
Antrieb – Bewegung –
Anstrengung – Ziel –
Sättigung

Heute vorzusorgen,
bringt ein besseres
Morgen

Der Körper weiß im Allgemeinen, was ihm zur richtigen Zeit im richtigen Maß passt. Seine Zellen und Kerne, seine Gewebe und Organe stehen im dauernden Kontakt miteinander. Seine Klugheit zu unterschätzen oder ihn überlisten zu wollen, bedeutet oft, sein äußeres Gewicht und das innere Gleichgewicht durcheinanderzubringen. Wer nur auf äußere Zahlen und nicht auf seine innere Stimme hört, wer nur auf Vorschriften und Vorbilder schaut, weiß nicht mehr, ob er das Richtige isst, zu dick oder zu dünn ist. Sein Selbstbild verzerrt sich, sein Selbstwertgefühl leidet. Sinnvoller ist es, dem Hunger- und Sättigungsgefühl, dem Ruhebedürfnis und dem Bewegungsdrang zu folgen. Wer sich ausreichend bewegt, braucht keine Beschränkung.

Der Mund als Ausdrucks- und Einnahme-Organ ist von so vielen Sinnesknospen und Nervenbahnen durchzogen wie kein anderer Ort im Körper. Was wir mit ihm aufnehmen und ausdrücken können, lässt sich kaum beschreiben: Wir lachen und leiden, kosten und kotzen, loben, laben und lieben mit ihm!

Das Welken und Werden

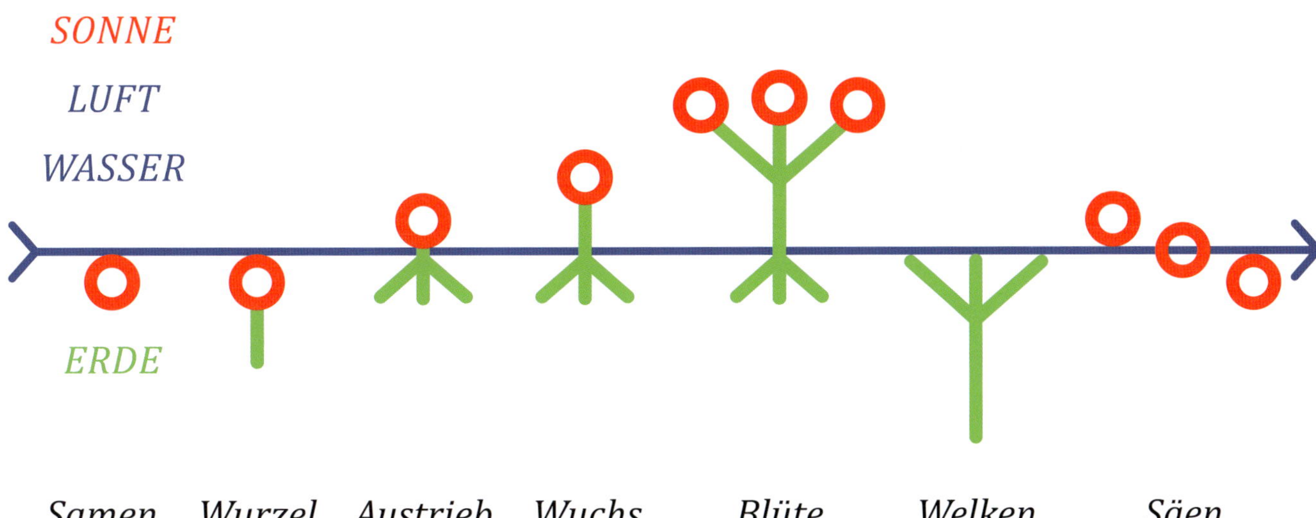

Wir stopfen ihn voll, speien ihn leer, schmatzen und schlucken, zeigen seine Zähne und Zunge, Lippen und Lust. Wir tasten und testen, prüfen und spüren mit ihm. Seine Aufnahmestellen senden Signale an Hirn und Herz, Magen und Darm. Die wiederum tauschen sich fortlaufend miteinander aus. Das gesamte Befinden wird also wesentlich vom Mund beeinflusst und ausgedrückt. Die Nahrung, die er aufnimmt, kann gesund und krank machen.

Das richtige Maß und die Verhältnismäßigkeit von Fetten, Zuckern, Ballaststoffen und Eiweißen bestimmen ebenso wie die Veranlagung die Verträglichkeit. Wer was und wie viel verträgt und verdauen kann, ist höchst unterschiedlich! Vererbung und Erziehung spielen eine ebenso große Rolle wie die Umwelt und das Klima.

Die Geschmäcker sind bekanntlich unterschiedlich. Um uns ausgewogen zu ernähren, brauchen wir jedoch von allem etwas: Das darf süß oder sauer, salzig, bitter oder nach Fleisch schmecken. Hauptsache, es bekommt und macht satt!

Lust und Genuss
sind die Triebfedern
der Fortpflanzung

Ein volles Hirn bietet
einem leeren Bauch
die Stirn

Ein zu voller Bauch macht ein
leeres Hirn, ein zu volles Hirn
macht einen leeren Bauch

Übersättigung
übermüdet

Ohne Leidenschaften
gibt es keine Freuden

Gutes Essen erzeugt gute
Laune, schlechtes Essen
schafft schlechte Stimmung

Fortlaufend, ziel- und haltlos zu hungern und zu fasten, macht dünn oder dick, dumm oder krank!

Der Körper geht in immerwährende Alarmstellung und giert regelrecht nach Nahrung. Die wertet er maximal aus und legt sie in Fettspeicher an. Diese können Gefäße verengen und Herz und Hirn verkalken. Die Folgen sind Lust- und Antriebslosigkeit.

Einseitige Ernährung bedeutet Mangelernährung. Der Wahn, immer das Richtige essen zu müssen, verwirrt und verstört. Die Fehleinschätzung seiner selbst, man sei zu dick oder zu dünn, führt zu Essstörungen – und umgekehrt. Andererseits verführt das angestrebte Idealgewicht dazu, nicht mehr auf seinen Körper zu achten und zu hören, ihn nicht mehr oder übermäßig zu bewegen und zu pflegen!

Jahrtausende lang ist der Mensch auf der Suche nach Nahrung gelaufen – bis zu 40 Kilometer am Tag und bis zu drei Wochen am Stück, um eine einzige Beute zu erjagen! Der Mensch ist also ein »Lauftier«, Bewegung ist lebensnotwendig.

Das fruchtlose Fasten führt zu Frust, der Frust zum furchtbaren Fressen

Was ist dem Leben ganz besonders lieb? Der Überlebens – und der Fortpflanzungstrieb

Einen ersten Schritt auf einem neuen Weg zu wagen, heißt zuerst: entsagen

Es ist besser, innezuhalten, sich mit Nahrung zu stärken und zu besinnen, als rastlos und hungrig loszurennen und sich zu verirren

Hunger und Übersättigung machen gleichermaßen schlechte Laune

Weder zu wenig noch zu viel – das hat Stil

Sie hält den Kreislauf in Schwung, Knochen, Gelenke und Muskulatur gesund, die Gefäße und Nerven in Betrieb. Bauch, Haut und Hirn werden durchblutet, die Verdauung und das Denken werden gefördert. Man vermeidet Heißhunger und entwickelt gesunden Appetit. Ein gutes und gesundes Essen nach körperlicher Anstrengung macht satt und zufrieden.

Allerdings beruht diese Förderung auch auf Forderung. Seinen Körper zu fordern heißt mitunter auch, ihn zu schinden. Wenige Stunden Anstrengung und Sport sind aber erträglicher als dauerhafte Schmerzen!

Gesunde Bewegung und Ernährung ergänzen sich, halten körperlich und geistig fit, stärken das Mitgefühl und das Miteinander. Gemeinsam zu essen, gemeinsam zu gehen und gemeinsam zu leben, ist erfolgreich und sinnvoll. Die Menschen sind als soziale Wesen voneinander abhängig und aufeinander angewiesen. Verbindende Tätigkeiten wie Sport und Essen erhöhen die Freude am Leben. Lust, Spaß und Genuss sind deren Grundlage.

Der Lebensmittel-Punkt

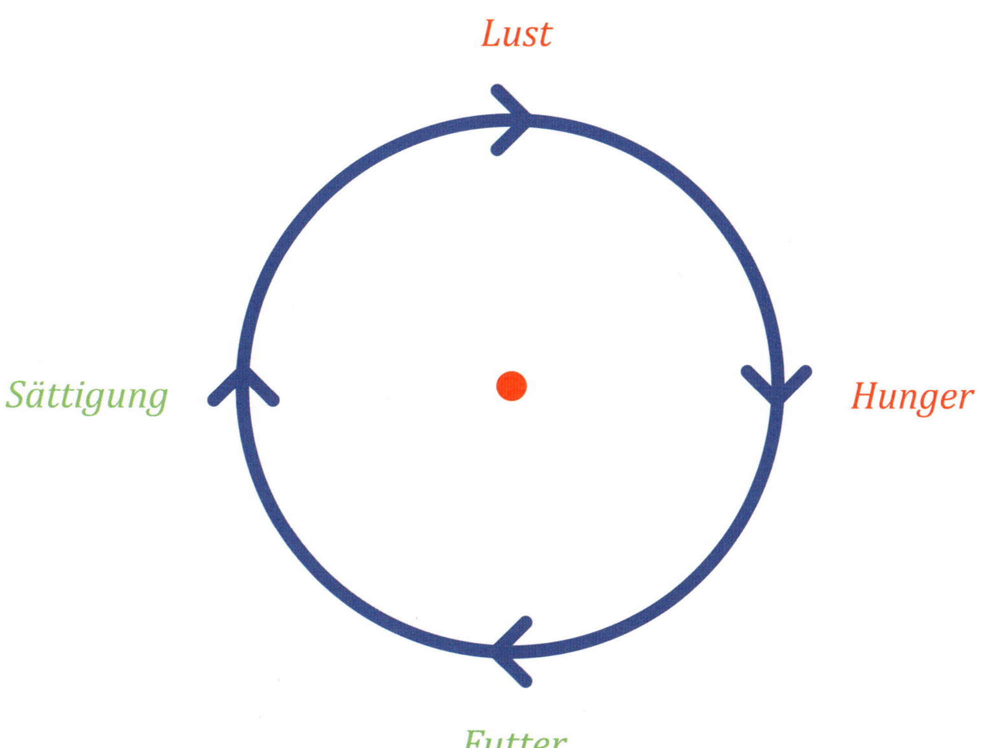

Gutes Essen zu schätzen heißt, es auch zu würdigen. Entstehung, Herkunft und Zubereitung sind dabei genauso wichtig wie das Einverleiben. Beim guten Essen sind alle Sinne beteiligt: das Sehen, das Hören, das Riechen, das Schmecken und das Tasten. Beim Kochen ist der ganze Körper dabei: Er hört das Sprudeln und Brutzeln, er spürt die Temperatur und Festigkeit, er sieht die Form und Farbe, er riecht den Rauch und das Aroma, er schmeckt den Genuss. Wer das gute Essen schätzt, schützt die Nahrungsgrundlagen, die Natur und die Erde. Er isst mit Bedacht, Zuwendung und Zeit, Maß und Ziel.

Hungern und entbehren können dabei genauso helfen wie schlemmen und genießen. Je nach Anstrengung und Arbeit, nach Rast und Ruhe weiß der Körper, was er braucht. Alle Versuche, ihm Vorschriften zu machen, scheitern. Das Rechnen mit Einheiten, Maßen und Gewichten führt nur in die Irre: Man wird zu dick oder zu dünn, schwankt und verliert die Übersicht, das Körper- und das Selbstwertgefühl.

Übersättigung lähmt, ein dicker Bauch macht träg

Wer nie Hunger leidet, freut sich nicht aufs Essen

Schönheit und Genuss vermindern fast jeden Verdruss

Wie bei Muttern zu futtern, heißt, genießen, ohne zu verdrießen

Lieber kurz und kräftig futtern als lang und lähmend fasten

Einfach bedeutet nicht einfältig und vielfach nicht vielfältig

Die Einsicht, was einem wann guttut, vermittelt nicht der Kopf, sondern der Bauch – der Darm ist bisweilen klüger als das Hirn!

Sich im richtigen Maß zu ernähren, ist nicht nur Aufgabe des Einzelnen. Auch die Familie, die Freunde, die Gruppe und die Gesellschaft müssen für ausreichend Nahrung sorgen. Alle brauchen ein Gebiet, in dem sie jagen und sammeln, säen und ernten, essen und genießen können. Größe, Klima und Fruchtbarkeit bestimmen den Ertrag. Ist dieser zu gering, müssen die Grenzen des Nahrungsgebietes verlegt oder erweitert werden.

Hunger und Durst, aber auch Gier und Hochmut können zu Krisen und Kriegen führen. Missernten, Überschwemmungen und Übernutzungen, Unterernährung und Seuchen zwingen zur Auswanderung – vorzugsweise in Gebiete, wo Überfluss herrscht.

Dick und Dünn vertragen sich schlecht. Sowohl ein Zuviel als auch ein Zuwenig macht krank. Nur ein gesunder Ausgleich schafft ein gesundes Leben!

Der Mensch ist ein »Nimmersatt«: Er isst, wenn, wann und wo es was zu essen gibt!

Die Mutter von Herz und Hirn ist das Futter, der Bauch braucht es auch

Viel zu essen bringt dem Hungrigen Freude, dem Satten aber Verdruss

Je größer der Hunger war, desto besser schmeckt das Futter

Weder zu groß, noch zu klein – das ist förderlich und fein

Wer wo, wie, wieviel und was isst, ist von seinem Wesen und seinem Wissen abhängig

Es bringt Segen, sich selber zu bewegen, es bringt aus der Fassung, sich bewegen zu lassen

Die Nahrung ist das Mittel zum Leben. Ohne sie gäbe es nicht nur kein Leben, sondern auch kein Labsal und kein Lob, keine Liebe und keine Lust. Deswegen hungert man beständig nach Futter für Leib und Seele.

Wer sich das Essen verbeißt, wird verbissen!

Die Wurzeln der Verbissenheit und Genussunfähigkeit liegen im Unbewussten. Häufig verbeißt man sich unter Spannung und im Schlaf. Dauerhafte Verspannungen und Verkrampfungen verhindern Entspannung und Erholung.

Wer sich an Problemen »die Zähne ausbeißt«, »hat keinen Biss mehr«. Und ohne Biss lässt sich nicht futtern, jagen und sammeln. Wer zu viel in sich hineinfrisst, leidet nicht nur unter Bauchweh, sondern auch unter Seelenqualen. Er verdaut weder körperliche noch geistige Nahrung richtig, sondern kaut wieder und wieder darauf herum. Das nächtliche Zähneknirschen kann zu vorzeitigem Verlust, zu Verschleißerscheinungen, zu Verspannungen und Verkrampfungen führen.

Das Leben als Topf

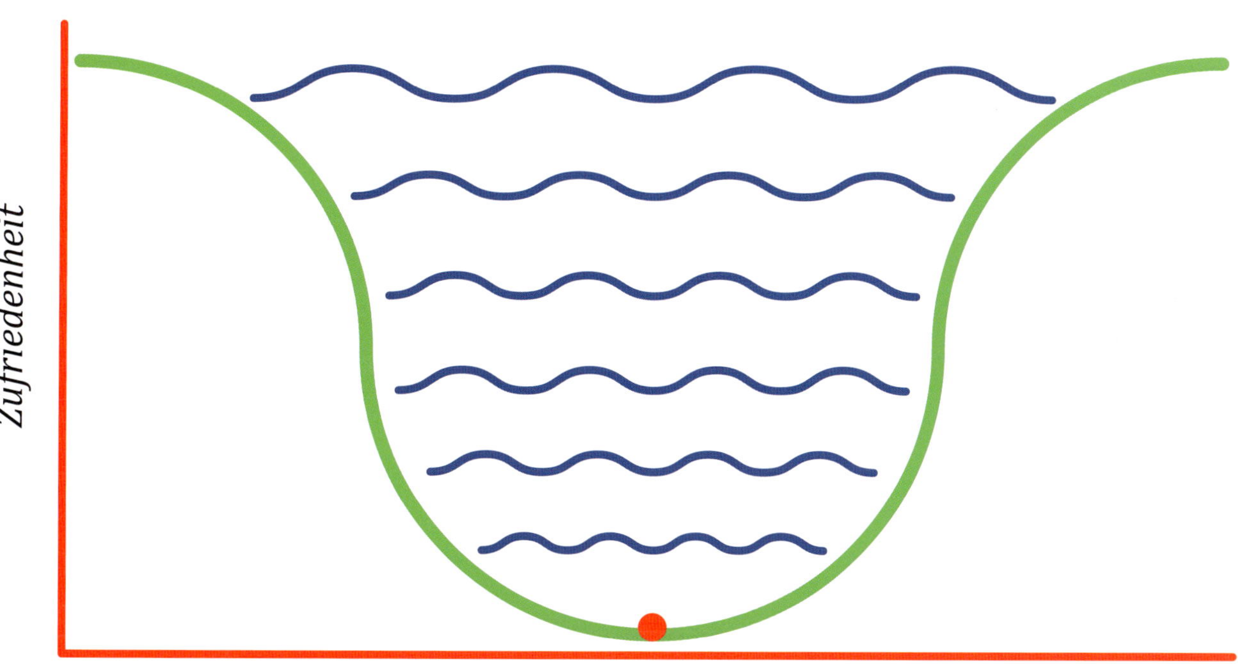

Zeit

Ein unverkrampftes Verhältnis zur Nahrungsaufnahme wird genauso unmöglich wie ein entspanntes Verdauen.

Den richtigen Biss zu finden, ohne sich zu verbeißen, ist eine Lebensaufgabe. Verbissene Menschen wirken unzugänglich und missmutig, lockere dagegen lachen und öffnen sich. Die Sprache des Lächelns versteht jeder, lachen macht Lust. Ein Lächeln wirkt liebenswürdig und liebenswert, höflich und hilfreich!

Und lächelnd zu genießen, ist lebenswert – entspannt zu futtern, macht Freude!

Das Leben als Glocke

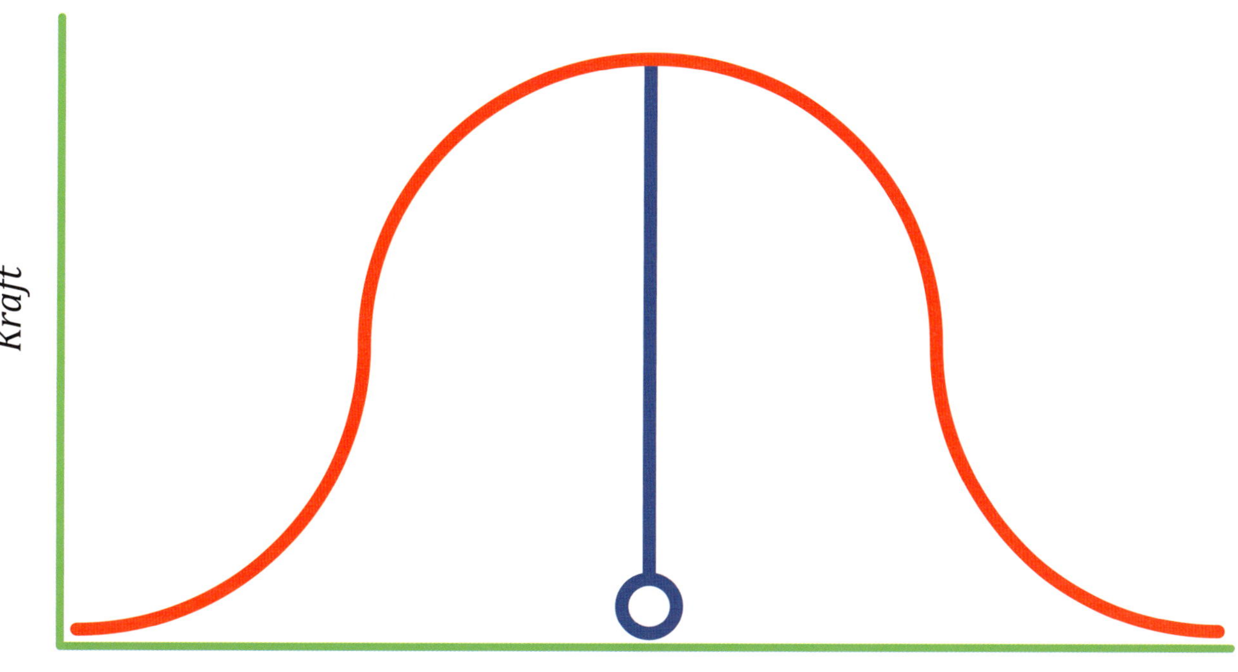

Nachwort

Kurz vor der Jahrtausendwende brach, wie bereits erzählt, eine Unglückswelle über mir zusammen: Meine erste Frau hatte mich verlassen, mein Bruder war gestorben, der Umbau meiner Praxis kostete das Fünffache und dauerte dreimal so lang wie geplant. An einem tristen November-Wochenende konnte ich nicht mehr: Ich war ausgebrannt, fröstelte und wollte nur noch weg! Spontan flüchtete ich – eigentlich mit der Absicht, nicht wiederzukommen – Richtung Süden und landete zunächst am Gardasee. Dort war es ähnlich trostlos und kalt wie bei uns. Also fuhr ich weiter nach Venedig. Diese Stadt bewirkte bei mir ein wahres Wunder: Der blaue Himmel, die bunten Fassaden, die idyllischen Kanäle, das gute Essen und die freundlichen Menschen hellten schlagartig mein Gemüt auf. Deren Schönheit und Stimmigkeit haben mich umgestimmt – und mir wieder Freude geschenkt!

In diesem Büchlein habe ich die Fundamente der Freude zu ergründen versucht. Mir ist klar geworden, dass sie nicht alles und ewig halten. So stark sie auch sein mögen – sie können keine übergewichtige Freude tragen!

Die Freude steht auf wackeligen Beinen. Sie muss immer neu aufgerichtet, gepflegt und gestärkt werden. Das richtige Maß macht's!

Alles ist begrenzt: Freude, Glück und Zufriedenheit. Wir leben in keiner heilen Welt, aber in einer, in der es sich zu leben lohnt. Wir müssen unsere Ansprüche ans Leben ins rechte Licht rücken: Wir können nicht andauernd nach Glück streben und Sinn suchen!

Sein und Schein müssen immer neu ausgelotet werden. Wir müssen der Scheinwelt, die uns vorgespiegelt und vorgespielt wird, die Wirklichkeit entgegenhalten und uns immer wieder mit den tatsächlichen Umständen abfinden. Wir müssen immerwährend vergleichen und nicht nur nach rechts und links, sondern auch nach oben und unten schauen.

Wir sollten nicht nur das höchste Glück, sondern auch das nächste erreichbare Ziel im Auge haben!

Auch die kleinen Freuden können uns zufrieden machen – wir müssen sie nur wahrnehmen und wahrhaben!

Aufgaben und ein Auskommen, eine Familie, Freunde und ein Dach über dem Kopf zu haben, gesund und gut genährt zu sein, kein Unglück und keinen Unfall zu erleben – all das sollte uns schon ein wenig dankbar machen!

Aber auch die natürliche Umgebung, eine nette Geste, eine neue Beziehung oder ein niedliches Geschenk können uns beglücken!

All das bedeutet keinen großen Aufwand: eine herzliche Begrüßung, ein tröstlicher Zuspruch, eine höfliche Nachfrage, ein guter Rat, ein lobendes Wort, eine zärtliche Umarmung, ein guter Wunsch, ein warmer Händedruck und ein anerkennendes Schulterklopfen können so viel Freude machen wie eine schöne Erinnerung und eine gute Botschaft.

Aber auch das Schmunzeln eines Säuglings, das Lächeln eines Kleinkinds, die Fröhlichkeit der Jugend und die Gelassenheit des Alters können aufbauen. Dafür brauchen wir kein Geld zu bezahlen.

Umsonst freuen können wir uns schon am Grün des Grases, am Blau des Himmels, am Gesang der Vögel, am Summen der Bienen, am Tanz der Schmetterlinge, am Blümchen am Wegesrand, an einem lauen Sommerabend, einem bunten Herbsttag, einem duftenden Frühlingsmorgen oder einer weißen Winternacht. Nicht viel kosten muss ein guter Schluck oder ein schmackhafter Bissen, der Besuch einer Ausstellung oder eines Vortrags, das Betrachten eines Bildes oder das Bewundern eines Baus.

Diese Liste der kleinen Freuden ließe sich unendlich fortsetzen.

Spazieren zu gehen, zu laufen, Luft zu schnappen, tief durchzuatmen und mit allen Sinnen da zu sein, kostet so wenig wie ein Zeichen der Zuwendung und des Zutrauens – die Wahrnehmung des Guten und Schönen!

Es ist wohl der Sinn des Daseins, sich freuen zu dürfen und für sich und andere da sein zu dürfen!

Manchmal ist ein Zufall ein Glücksfall, oft ein Unfall ein Unglücksfall – beides immer aber auch Schicksal. Die Macht des Schicksals wird im Zeitalter des scheinbar durchweg Machbaren nicht mehr geschätzt. Wer glaubt, alles machen, erreichen oder verhindern zu können, irrt!

Was ein Schicksal bedeutet, weiß nur der, den es trifft. Jeder, der es miterlebt und mit erleidet, kann es tragen helfen – nicht aber der, der alles richtet, für alles einen Rat hat und immer alles besser weiß.

Es macht mehr Freude, auf das zu schauen, was man hat und kann, als auf das, was man haben könnte!

Schönheit und Stimmigkeit sind Zauberwörtchen. Ich habe keine Formel für ewiges Glück liefern, sondern Verständnis dafür wecken wollen, dass es auch ohne diese Freude im Leben gibt – wenn man sie nur sich und anderen macht!

In diesem Sinne: Viel Freude!

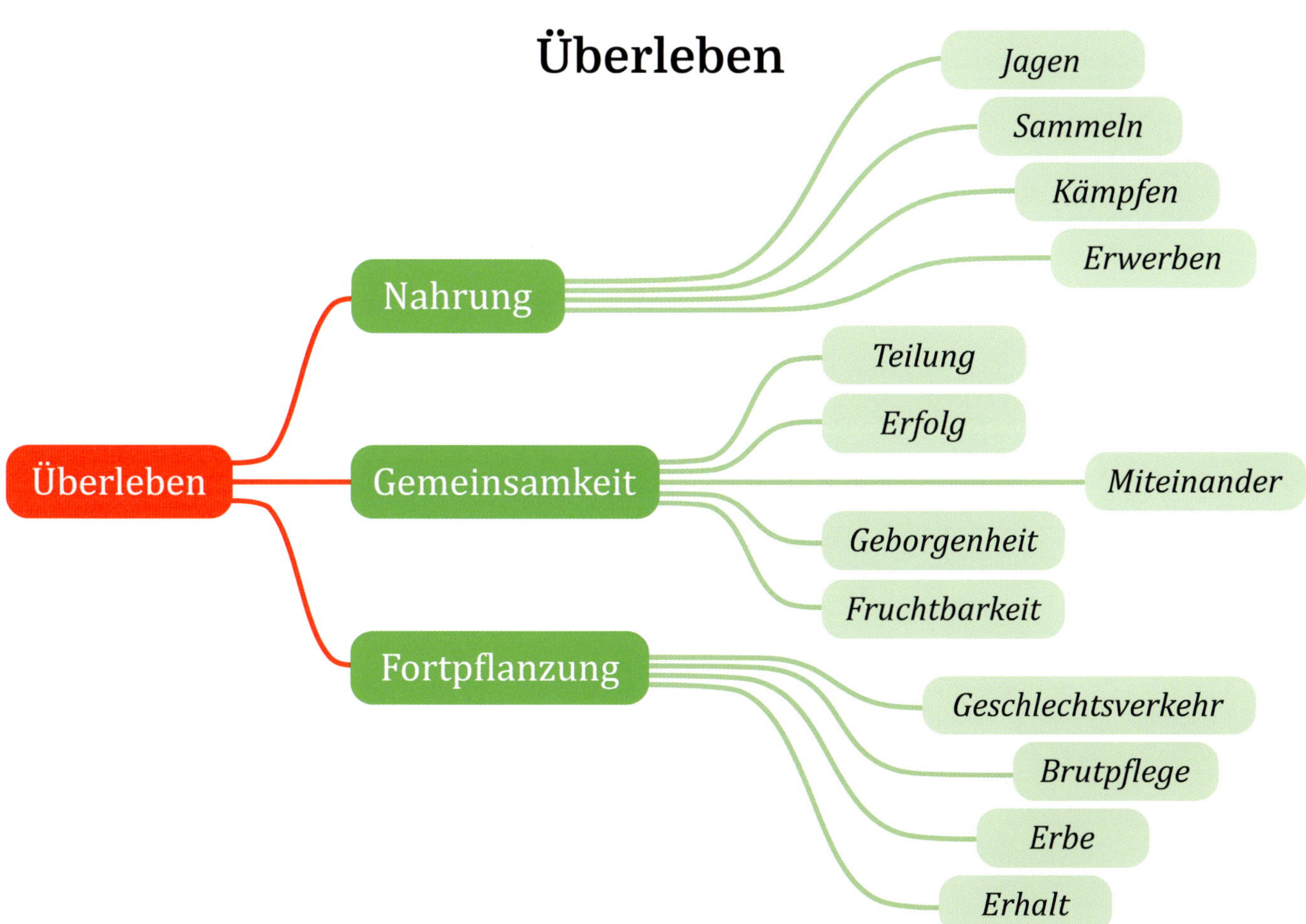
Überleben
Jagen
Sammeln
Kämpfen
Erwerben
Nahrung
Teilung
Erfolg
Überleben
Gemeinsamkeit
Miteinander
Geborgenheit
Fruchtbarkeit
Fortpflanzung
Geschlechtsverkehr
Brutpflege
Erbe
Erhalt

»Freude« ist der natürliche Gegenpol der »Angst« und als Ausgleich überlebensnotwendig; die Verhältnismäßigkeit und Stimmigkeit dieser Grundgefühle gewährt ein »gutes Leben«